虎拳秘传绝技

赵 超 著

北京体育大学出版社

策划编辑：吴海燕　文冰成
责任编辑：吴海燕
责任校对：李　涛
版式设计：联众恒创

图书在版编目（CIP）数据

虎拳秘传绝技 / 赵超著. -- 北京 : 北京体育大学出版社, 2017.12（2023.5重印）
ISBN 978-7-5644-2817-4

Ⅰ. ①虎… Ⅱ. ①赵… Ⅲ. ①象形拳－基本知识 Ⅳ. ①G852.18

中国版本图书馆CIP数据核字（2017）第319107号

虎拳秘传绝技
HUQUAN MICHUAN JUEJI
赵超　著

出版发行：北京体育大学出版社
地　　址：北京市海淀区农大南路 1 号院 2 号楼 2 层办公 B-212
邮　　编：100084
网　　址：http：//cbs.bsu.edu.cn
发 行 部：010-62989320
邮 购 部：北京体育大学出版社读者服务部 010-62989432
印　　刷：北京昌联印刷有限公司
开　　本：710mm × 1000mm　1/16
成品尺寸：170mm × 240mm
印　　张：14.5
字　　数：282 千字
版　　次：2018 年 4 月第 1 版
印　　次：2023 年 5 月第 2 次印刷
定　　价：38.00 元

（本书如有印装质量问题，请与出版社联系调换）

作者简介

赵超，武汉体育学院副教授，体育硕士、国家级运动健将、国家一级裁判、全国第九届运动会武术比赛棍术单项第一。

长期从事竞技武术训练工作，具有丰富的教学训练经验。多年来培养了运动健将 8 人、亚洲锦赛冠军 1 人、全运会季军 1 人、全运会前八名 1 人、全国体育院校比赛冠军 11 人，培养的学生取得全国锦标赛、全国冠军赛、全国体育院校比赛前八名的成绩达 130 多项。

2003 年曾受国家体育总局武术运动管理中心委派，赴法国、罗马尼亚、荷兰交流讲学。

虎拳有“象形拳王”之誉，模拟虎刚虎猛之形，发挥虎猎虎卫之能，极具健身和实战妙用。拳歌曰：“黑虎封门敌莫进，白虎拦路保自身；猛虎下山谁能御，饿虎扑食无人敌。”

虎拳技击，注重进攻，刚劲有力，勇猛无敌。虎拳手法，多用虎爪，擅使抓打，甩、捅、推、砸，变化多端，令敌难防。

虎拳腿法，“有威震四方之势”，腾、跃、摆、扫、踹、蹬、弹、撩，力大劲猛，放长击远，招式连环，令敌难挡。

虎拳擒拿，招法独特，抓、拧、盘、转，贴身近战，擒伏拿获，令敌难动。本书虎拳属于南派秘传，首次披露，外所难见。

目 录

第一章　虎拳基本功

第一节　手形爪法

一、手形

（一）拳

四指并拢，向手心屈卷握紧，拇指紧压中、食指的第二节指骨处。（图1–1）

（二）虎爪

食指、中指、无名指和小指略微分开，第二、第三节指骨紧屈；拇指屈曲于虎口处。虎爪主要用于擒拿。（图 1–2）

图 1–1

图 1–2

（三）虎掌

五指的第二、三节指骨屈曲，略分开，第一节指骨向手背一面极力伸张，使掌心突出。虎掌主要用于击打。虎爪和虎掌差别很小，也可视为同一手形。（图 1–3）

（四）勾

拇指屈曲，紧压食指第一节处，其余四指并拢，腕关节向尺骨一侧里扣。（图 1–4）

图 1–3

图 1– 4

二、虎爪法

（一）推爪

1. 前推爪，右脚向前方上进一步，成弓步；同时，两爪向前平肩伸臂推出。（图 1–5）

2. 侧推爪，马步蹲立，两爪提至肩前，随之向左右伸臂推出，先目视左爪，随之目视右爪，至两臂推直。（图 1-6）

图 1-5

图 1-6

（二）扑爪

右弓步，右爪向前下按于小腹前方；左爪由后向前抓出，力达五指尖，高与面部平。左右爪可交替练习。（图 1-7）

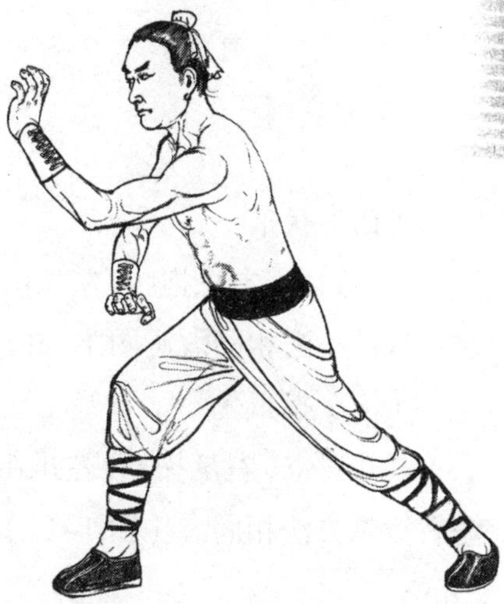

图 1-7

（三）撩爪

1. 正撩爪，右脚上步，同时，右爪爪心向上，由体后成弧形向前抓，为正撩爪，也称“前撩爪”。（图 1–8）

2. 反撩抓，左脚插步，上体右转，右爪弧形向体后侧反爪抓出，爪心向上，高与大腿平。（图 1–9）

图 1–8

图 1–9

（四）伏爪

马步蹲立，右爪抱腰，左爪由外向上、向内划弧下按至体前，即为伏爪。左右伏爪方法相同。（图 1–10）

（五）拨爪

马步蹲立，右爪护裆，左爪由外向上、向内画弧，爪心向右，即为拨爪。左右拨爪方法相同。（图 1–11）

图 1–10

图 1–11

（六）挑爪

马步蹲立，两爪由腰间沿腹前向上、向外画弧，即为挑爪。屈肘竖臂，高与耳平，爪心向后。目视前方。（图 1–12）

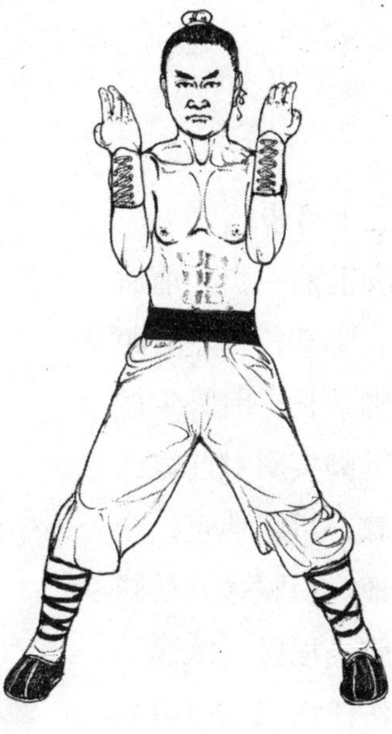

图 1–12

第二节　虎桩

一、静桩（步形）

（一）马步

两脚分开，距离约三脚掌长，脚尖向前，自然外分，屈膝半蹲，上体正直，提裆紧臀。收腹，塌腰，全脚掌着地。手上动作可任意变化。（图 1–13）

图 1–13

（二）弓步

左脚上前一步，前后距离约三脚掌长，左右距离约一脚掌长。前脚尖微里扣，后脚尖斜对前方，前腿屈膝，后腿伸直，全脚掌着地。前腿弓，后腿绷，挺胸、塌腰、沉髋。手上动作任意。（图 1–14）

图 1–14

（三）虚步

右脚尖外展约45度，右腿屈膝；左脚向前伸出，膝关节微屈，以脚前掌虚点地面，脚面绷平稍内扣。挺胸、塌腰，身体重心落于右腿。手上动作随意。（图 1–15）

图 1–15

（四）跪步

1. 单跪步，左腿屈膝，右膝跪地，右脚跟悬离，脚前掌贴地，右小腿前胫内侧贴近地面。手上动作随意。（图 1–16）

2. 半跪步，左膝前弓，右腿膝部略向下屈，似弓非弓，似跪非跪。手上动作随意。（图 1–17）

图 1–16

图 1–17

（五）歇步

左脚向右脚后插一步，脚前掌着地，两腿交叉；然后屈膝全蹲，右臀部坐于左小腿上。两腿靠拢，重心要稳，脚掌转换灵活。此为左歇步，右歇步则反之。（图 1–18）

图 1–18

（六）插步

左脚从右脚后方向右插一步，两腿交叉。右腿屈膝，左腿伸直，左脚跟虚悬，上体左倾右旋。（图 1–19）

图 1–19

（七）仆步

右脚向右侧迈步，右腿屈膝，臀部尽量下落，接近小腿，脚和膝关节外展；左腿挺直平仆，脚尖里扣，全脚掌着地。挺胸、塌腰、沉髋。（图 1–20）

（八）骑龙步

右腿前出一步，距离约三脚掌长，左腿下跪接近地面，左脚跟离地。上体正直，重心偏落于右腿上。手上动作随意。（图 1–21）

图 1–21

图 1–20

（九）横裆步

两腿分开成右弓步站立，步幅稍大些，然后上体转正，面对正方，此即横裆步。（图 1–22）

（十）拐步

两腿交叉，前位腿屈膝，脚尖外展；后位腿下跪，脚前掌用力。上体适屈，手上动作随意。（图 1–23）

图 1–22

图 1–23

（十一）半马步

左脚侧出一步，脚尖向左，两脚距离约二至三脚掌长度。两腿屈膝下蹲，重心偏于右腿上（约前三后七，故有“三七马”之说）。上体微向左转，臀部收敛。手上动作随意。（图 1–24）

图 1–24

二、动桩（步法）

（一）上步

由开势（开始动作）起，后位脚前迈一步，为上步。（图 1–25、图 1–26）

图 1–25

图 1–26

（二）退步

由开势起，前位脚向后退一步，为退步。（图 1–27、图 1–28）

图 1–27

图 1–28

（三）进步

由开势起，前位脚向前一步，为进步。（图 1–29、图 1–30）

图 1–29

图 1–30

（四）拖步

由开势起，前位脚向前上步，后位脚拖地跟上一步，即为拖步。（图 1–31、图 1–32）

图 1–31

图 1–32

（五）插步

由开势起，右脚经左脚后侧向左前方插步，两腿交叉，左腿屈膝，右腿伸直。随之左脚经右脚内侧向左前方上进一步，成左弓步。然后可继续重复上述动作，即连续插步。（图 1–33 ~图 1–35）

图 1–33

图 1–34

图 1–35

（六）倒插步

1. 由开势起，左脚经右脚后侧向右插步，两腿交叉，上体右转，即倒插步。（图 1–36、图 1–37）

图 1–36

图 1–37

2. 动作不停，右脚向右后退一步，右转身，两腿蹲立成右半马步。两手动作随意。然后可继续做倒插步动作。（图 1–38）

图 1–38

（七）盖步

1. 由开势起，右脚经左脚前向前跨上一步，脚尖外展，两腿交叉，两膝微屈，两大腿紧贴，此即右盖步。（图 1–39、图 1–40）

图 1–39

图 1–40

2. 动作不停，左脚随之向前上进一步，成高虚步，手上动作随意。（图 1–41）

（八）三角变换步

1. 两爪左托右按于前，高左弓步势，左脚尖略外撇，上体左转。（图 1–42）

2. 右脚向左脚前外侧方弧形上步，脚尖外展；同时，上体左转。（图 1–43）

图 1–41

图 1–42

图 1–43

3. 左脚弧形向后退一步，成右弓步。可左右交换进行。（图 1–44）

图 1–44

（九）前跳步

由开势起，两脚同时离地腾起向前跃出一步，即前跳步。（图 1-45、图 1-46）

图 1-45

图 1-46

（十）后跳步

由开势起，两脚同时离地腾起向后退一步，即后跳步。（图 1-47、图 1-48）

图 1-47

图 1-48

（十一）闪步

由开势起，左脚收步向左外侧方横跨一步，上体重心向左偏；随之，右脚收于左脚内侧向前迈出一步。可以左右闪步。（图 1–49 ~ 图 1–51）

图 1–49

图 1–50

图 1–51

三、虎扑桩

预备势：两脚并步，正身直立（面南背北），双手垂于体侧。目视前方。（图 1–52）

（一）虎视

1. 头、身向左侧微转。同时，双肘微屈，左手向身左侧方伸出，屈指成虎爪，爪心向上，右手向身右侧方旋拉成虎爪掌，爪心向下，高与腹部平齐。目光生威，目视左爪。（图 1–53）

2. 上肢不动，左脚向左侧迈出半步，脚跟提起，脚尖点地，右脚掌全部着地，左腿微屈，右腿弯曲，身下蹲，成左虚步。目光左右巡视，发出吼声。（图 1–54）

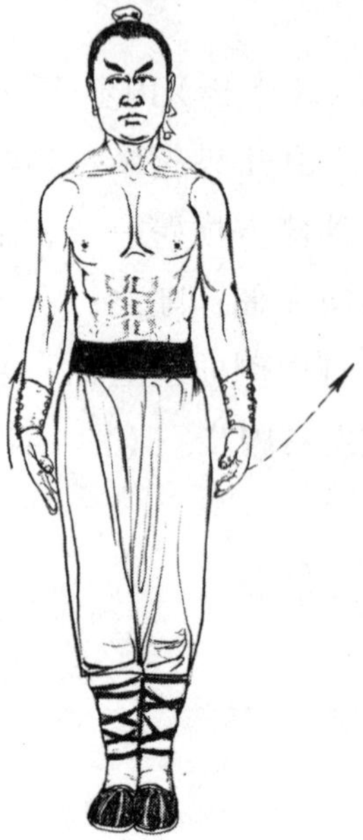

图 1–52

图 1–53

图 1–54

（二）虎行

1. 左爪在身前领劲成爪心向下，右爪在身后蓄劲成虎口向前。同时，左脚向左前方迈出一步成左弓步。目视左爪。（图 1–55）

图 1–55

2. 左爪向身后微收，右爪领劲向前方伸出。右脚向前迈出一步成右弓步。目视右爪。（图 1–56）

图 1–56

3. 左脚向左前外侧迈出一步成左弓步；同时，左爪微伸在身前，右爪微收在身后。当左脚迈出时，右脚跟碾地，右脚尖向左侧微转。目视左爪。（图 1–57）

4. 左爪收回在身后，右爪伸出在身前。右脚向右前外侧迈出一步成右弓步。目视右爪。（图 1–58）

图 1–57

图 1–58

注意：以上的动作不变，先左弓步，再右弓步，连续走六步（左三步右三步）后，再进入下势。

（三）虚势

身向左侧转，同时，双爪变拳，屈肘握拳，拳心向下，左拳置于身左侧，右拳置于腹部左侧。左腿屈膝，右腿由左弓步收回向左脚靠拢，脚尖虚点地，成右丁步。目视右侧前方。（图 1–59）

图 1–59

（四）挂把

右脚由右丁步向身体右侧迈出一步，成右弓步。双臂伸直，双拳均拳心向

下，右拳在上，左拳在下，向右前方挑打，拳高与腹部齐。目视右前方。（图 1–60）

图 1–60

（五）虚势

身体左转，左脚提跟收回半步；同时，右脚跟碾地，脚尖微翘向左转，重心落于右腿，身下蹲成左虚步。在转身的同时，双手由下向上相互交叉各画一小圈，成虎掌。左虎掌在前，高与膝平，掌心向上；右虎掌在后，高与胯平，掌心向下。目视左虎掌。（图 1–61）

（六）虎扑

1. 左腿直立，右腿提膝。在提膝的同时，左虎掌由下向上画一小圈，左肘微屈，置于身体左侧，高与腰齐，右虎掌由下向上，右臂伸直，高与腰齐，虎口向外，掌心向前，目视右虎掌。（图 1–62）

图 1–61

图 1–62

2. 右脚向前落步，脚掌着地，右腿直立。左腿提膝，在提膝的同时，右虎掌由身前撤向身后，屈肘置于身右侧，高与腰齐，掌心向下，左虎掌由身左侧下方向前上方伸出，臂伸直，高与腰齐，虎口向外，掌心向上，目视左虎掌。（图 1–63）

3. 左脚由提膝动作向前落地，成左弓步。在左脚迈出的同时，左虎掌于身体左侧的前方，由下向上划，右爪于身右侧的前方，由下向上划，双虎掌掌棱相对，掌根吐力，向前方直推，高与腹平齐，目视双掌。（图 1–64）

图 1–63

图 1–64

注意：以上动作不变，连续练习三次以上，据自身体力而限次数，但方向要一致。

（七）封喉

右脚不动，左脚提起随即着地，仍成左弓步。同时，左手由下向上抢掌，掌心向上，指尖吐力，掌伸出高与喉平，右虎掌收置腰间，目视左虎掌。（图 1–65）

（八）飞脚

左脚震地，随之伸膝，右脚向前上方高踢与喉平。同时，左虎掌变拳，屈肘收回，拳心向上，置于腰间，右虎掌伸指变直掌，向前方伸击，高与喉平，目视前方。（图 1–66）

图 1–65

图 1–66

（九）虚势

右脚收回，向后倒撤半步着地；左脚脚掌贴地前移，身下蹲成左虚步。在右脚后撤的同时，右掌握拳，屈肘收回，拳心向上，置于腰间，左拳变立掌向前方推出，掌高与眼平，目视左掌。（图 1–67）

图 1–67

（十）翻身截把

1. 左腿伸膝，右腿提膝，体向左转 90 度。同时，左掌变拳，拳心向后，置于体左侧，右肘向里、向前摆撞，右手仍握拳，拳心向下，置于胸前，目视前方。（图 1–68）

图 1–68

2. 身体继续向左转，至面向西方，仍左腿直立，右腿提膝，左拳拳心向下，置于左裆部前侧，右肘向里、向上横提，右拳拳心向里，右拳向上置于眉前方，目视前方。（图 1–69）

3. 右脚下落，脚尖着地，脚跟提起，沉身下蹲。同时，右拳下砸于右膝外侧，拳面向下，左拳收于右大臂内侧。目视右前下方。（图 1–70）

图 1–69

图 1–70

（十一）虚势

右转体 90 度，右腿向右后方撤半步，左腿向右前方迈出半步，屈膝沉身，成左半马步。同时，右拳由下向上划一圈后，收置于腰间，拳心向上，左拳变虎掌向前推出，高与肩平齐，掌心向前，目视左虎掌。（图 1–71）

图 1–71

（十二）收势

上体左转，右脚收于左脚内侧，成八字步正身直立，双掌放下自然垂于体侧，自然呼吸，目视正南方。（图 1–72）

图 1–72

第三节 腿法

一、蹬腿

1. 由开势起，左腿稍屈，右腿屈膝尽量向上提起，右脚尖上勾，随即用力向前蹬出，力达脚跟。前蹬时，上体保持正直，不可后倒。（图1–73、图1–74）

2. 右脚向前落地；左脚随之提起向前蹬出，力达脚跟。（图1–75）

图1–73

图1–73

图1–74

二、弹腿

1. 由开势起，左脚尖前移；右腿屈膝提起，迅即将小腿用力向前弹踢，脚面绷平，脚尖向前，力达脚尖。（图 1–76、图 1–77）

2. 右脚向前落步，左脚迅疾向前弹踢，脚面绷平，脚尖向前，力达脚尖。（图 1–78）

图 1–76

图 1–77

图 1–78

三、踹腿

1. 由开势起，左脚尖前移；右腿屈膝提起，上体左旋的同时，右腿向前踹出，脚底向前。（图 1–79、图 1–80）

2. 右脚向前落地，右转身；左腿屈膝提起向前方伸腿踹出，力达脚底。（图 1–81）

图 1–79

图 1–80

图 1–81

四、扫腿

1. 由开势起，重心移于左腿，右脚弹地而起，向前上、向左弧形横扫，脚面绷紧。（图 1–82、图 2–83）

2. 右脚落地，重心移于右腿；同时，上体右转，左脚弹地而起，向前、向上划弧横扫，脚面绷紧。（图 1–84）

图 1–82

图 1–83

图 1–84

五、点腿

1. 由开势起，重心移于左腿，右脚脚面绷直向上、向左前上方直线点踢，两手向上护于身前。（图 1–85、图 1–86）

2. 右脚向前落地，随之左脚脚面绷直向上、向前上方直线点踢，两手相合护于体前。（图 1–87）

图 1–85

图 1–86

图 1–87

六、勾腿

1. 由开势起，重心移于左腿，左腿屈膝，右腿屈膝提起，随之，勾紧脚尖，向前弧形勾踢，脚尖上翘，高与左前胫平，脚尖向左斜上方。（图 1–88、图 1–89）

2. 右脚落地，重心前移，左脚提起向前弧形勾踢，脚尖上勾，高与右前胫平。（图 1–90）

图 1–88

图 1–89

图 1–90

七、踩腿

1. 由开势起，重心移于左腿；右脚屈膝收提，向前蹬踩出，力达脚跟，脚尖上翘，高与膝平。（图 1–91、图 1–92）

2. 右脚落地，重心前移；左脚提起向前蹬踩，力达脚跟，脚尖上翘，高与膝平。（图 1–93）

图 1–91

八、撩腿

1. 由开势起，左脚前移，上体右转；同时，右脚弹地而起，向右后上方撩踢，脚底向上，力达脚底。（图 1–94、图 1–95）

图 1–92

图 1–93

2. 右脚弧形落地，上体左转；同时，左脚向后上方撩踢，脚底向上，力达脚底。（图 1–96）

图 1–94

图 1–95

图 1–96

九、虎尾腿

1. 由开势起，左脚收步于右脚内侧；随之右转体，右脚蹬地而起，伸腿向右后上侧方弧形摆踢，力达脚跟或脚掌外侧。（图 1–97、图 1–98）

2. 右脚向内弧形落步于左脚内侧；随之左转身，左脚蹬地而起，伸腿向左后上侧方弧形摆踢，力达脚跟或脚底。（图 1–99）

图 1–97

图 1–98

图 1–99

第四节　虎劲

虎劲是练习虎拳必备劲力的一种秘传功法。虎拳威猛，虎劲偏刚，所以虎劲之功是虎拳的实用根本，不可或缺。

本功以爪为主，以刚为重；以柔致刚，以内现外。虎劲一旦练成，功劲胜人一筹，无论放长击远之踢打，还是靠身沾衣之擒拿，自然胜券在握。

虎劲歌曰：“爪如钢钩，指如镖；擒如铁钳，拿如胶；眼如带电，敌如鸡；劲如猛虎，敌难逃。”

一、白虎探爪

选择一清静之地练功。

1. 双腿盘坐，腰背挺直，百会与会阴垂直成一线，舌尖轻抵上腭。双掌抱于两膝盖上，排除杂念，自然呼吸，意守丹田。（图 1–100）

2. 静坐 5 分钟后，感觉丹田发胀或发热时，两手臂向前伸直至与肩平，五指成爪，虎口相对，爪心向前，两爪距离与肩同宽。（图 1–101）

图 1–100

图 1–101

图 1–101 侧面图

3. 鼻做深呼吸。吸气时，气沉丹田，使丹田鼓起（自然而然，不能刻意），双爪随吸气用力拉回腰侧，爪指随手臂用力而内抓成掌（似牵动千斤之力）。（图 1–102）

图 1–102

4. 双掌成爪，随呼气向前推出（须用力，似推动千斤之物），吸气时，意想天气从百会，人气从双爪劳宫吸入下归至丹田。同时意想气贯双爪，力大无比。第 3、第 4 两动要连续练习，配合呼吸、意念，每次约练 20 分钟。（图 1–103）

5. 双爪变掌抱放于两膝盖上，全身放松，调匀呼吸。（图 1–104）

图 1–103

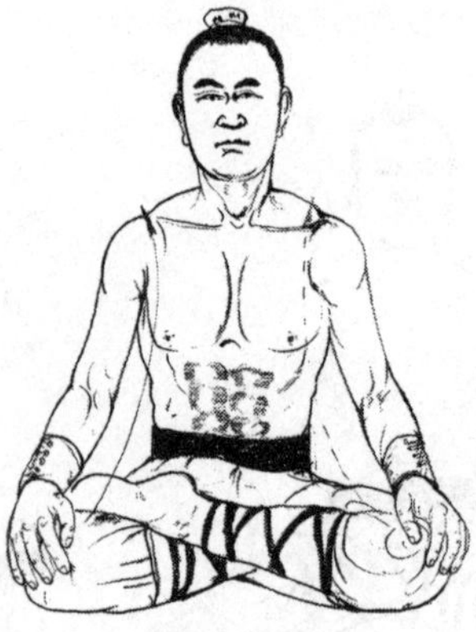

图 1–104

二、双虎戏珠

1. 练完第一次，静坐一阵后，两掌再次前伸至与肩平。然后松肩沉肘，两臂各成半圆形，腕与肩平，两掌心相对成自然掌，双掌间距离同肩宽，两掌放松。（图 1–105）

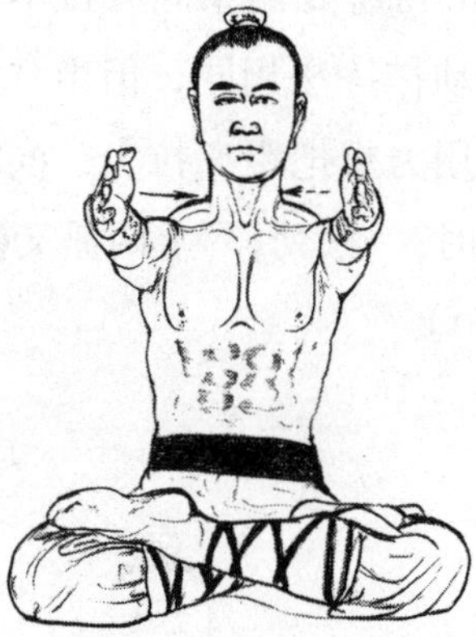

图 1–105

2. 待到两掌心有微微麻胀感时，将两掌缓缓内合，似挤一气球。合到两掌心距离约 7 厘米时停住。（图 1–106）

图 1–106

图 1–106 侧面图

3. 两掌徐徐外拉，至双手距离与肩同宽为止。两掌再内合，如此反复地开合（开合时用意不用力）。（图 1–107）

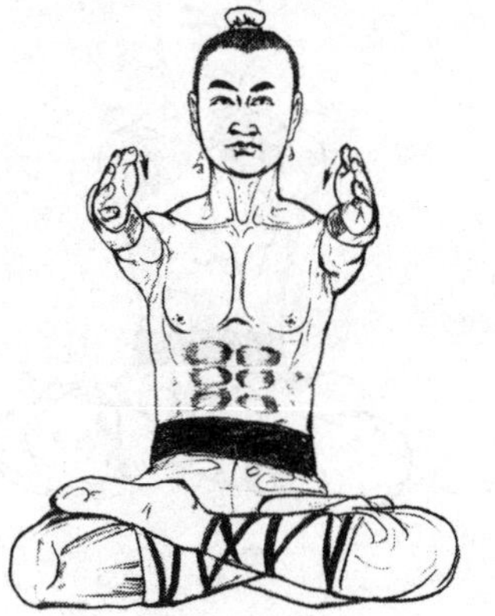

图 1–107

4. 待练到两掌间有拉不开、互相紧吸的感觉时，两掌再由掌变爪，和前动作练法相同，但由“用意不用力”变为“力意双用”。外拉时，两爪用力想把距离拉大，同时要意想两爪间吸力大如千斤，待勉强拉与肩平时，一松劲，马上两抓又被吸回。如此反复练习15分钟。（图1–108～图1–110）

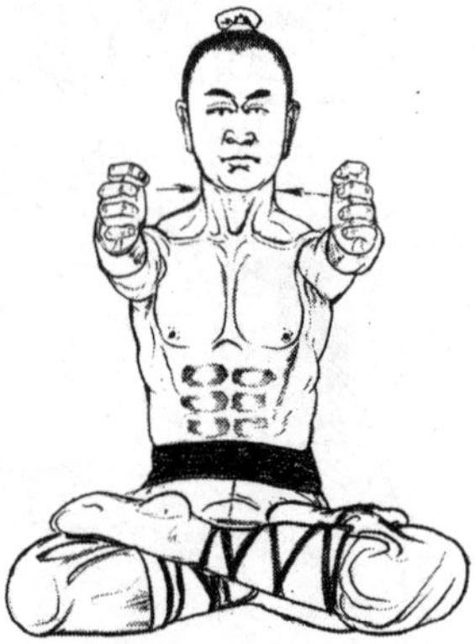

图 1–108

图 1–108 侧面图

图 1–109

图 1–110

三、玄虎吞阳

此势宜在每天太阳初起时练习。

1. 调整身体姿势，面对东方太阳，四平马步桩站立，两爪向前平行推出与肩同宽，虎口相对，肘部略屈，劲似发而未全放，随呼吸张弛，两爪微微用意使暗劲。吸气时，两爪随吸气放松。（图 1–111）

2. 呼气时，气贯双爪，双爪随呼气内抓，爪指似抓铁球，意想可大力抓瘪之。（图 1–112）

图 1–111

图 1–112

此功练习一段时间后，十指应有热胀感觉。到一定火候，十指小关节开始随呼吸张弛而咯咯作响。

练完内功三势后，再练外功。

四、白虎坐舟

1. 伸腿平坐，两掌平按于地面；气贯两掌，用力撑起全身，腿伸直与臀部相平，全身悬空，全身重量放在两掌之上。（图 1–113）

量力而行，每次反复练习 10 分钟以上。

2. 练习 7 天后，把掌变拳支撑全身。（图 1–114）

图 1–113

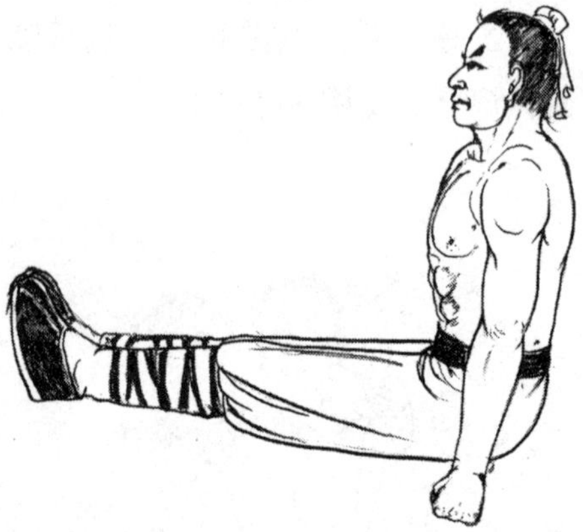

图 1–114

3. 再练 7 天后，以爪替拳，要求十指扣抓在地面上，来撑起全身重量。（图 1–115）

4. 以后，每 15 天去一指，从小指、无名指、食指，直到最后能以双手拇指和中指撑起全身，则此功告成。（图 1–116）

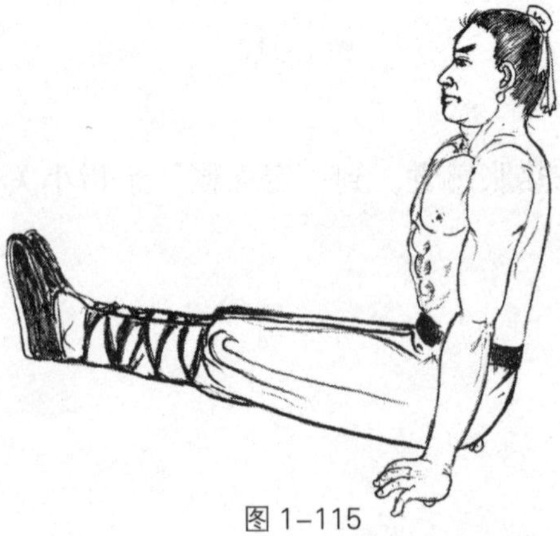

图 1–115

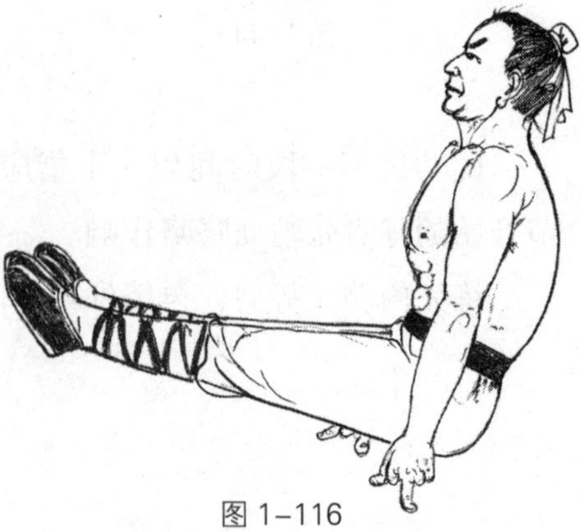

图 1–116

五、卧虎伸腰

1. 身体俯卧，双掌十指张开成虎爪状，两爪平行与肩同宽撑地，两臂伸直；两腿后伸。（图 1–117）

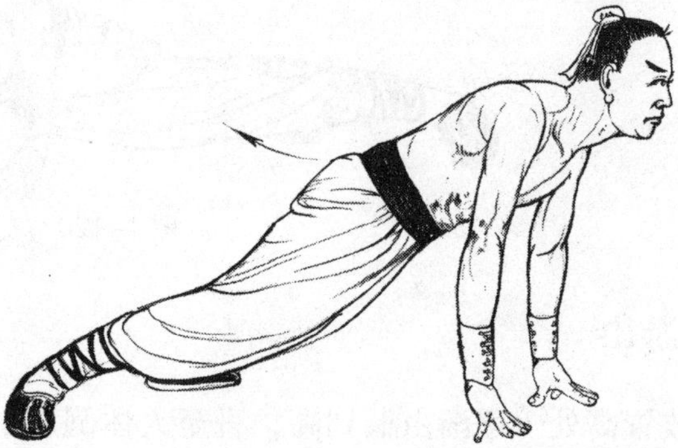

图 1–117

2. 采用顺式呼吸，鼻呼鼻吸。吸气时，臀部向后凸起，身体从前向后移动。（图 1–118）

3. 闭气，两臂屈肘，身体从后向下、向前移动。（图 1–119）

图 1–118

图 1–119

4. 呼气，两臂推撑伸直，身体从前向上昂首挺胸，腰腹下压。（图 1–120）

如此反复练习，具体次数以练习者体力而定。

图 1–120

六、黑虎游山

1. 将两脚放置高处（逐渐由低到高，直至人体倒立）。两手成虎爪按地，做原地踏步似的动作。（图 1–121 ～图 1–123）

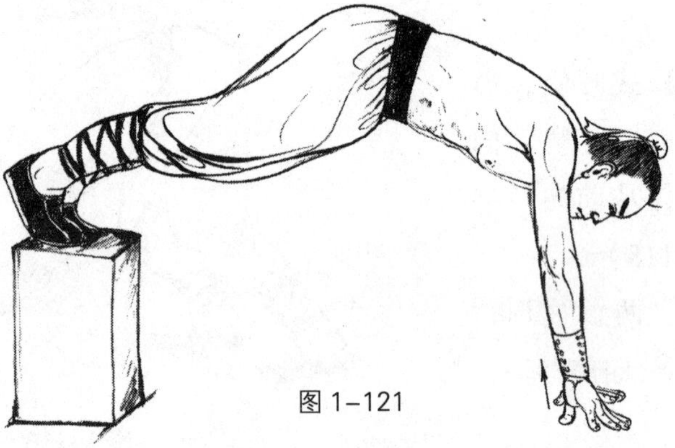

图 1–121

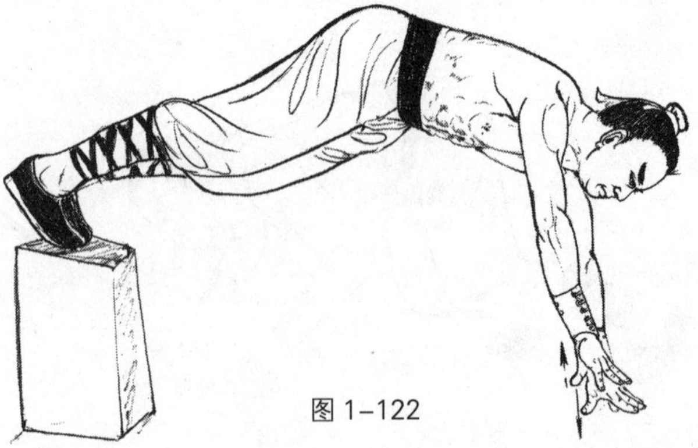

图 1–122

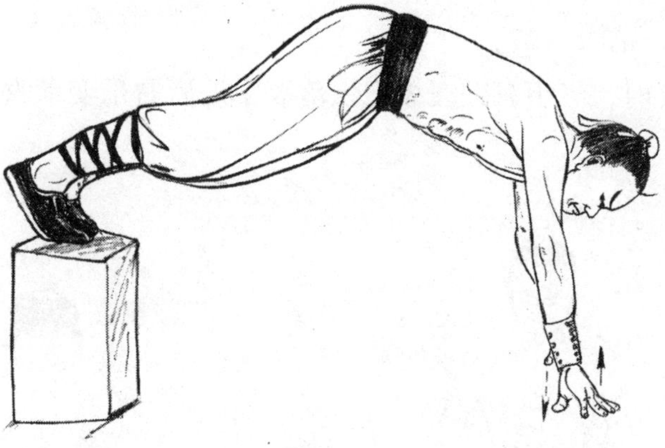

图 1–123

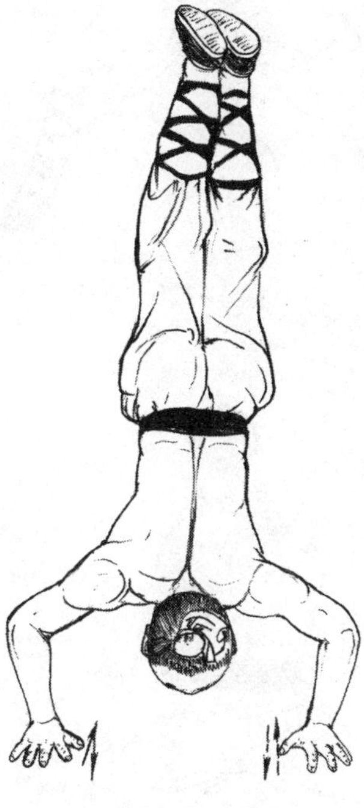

2. 两手成掌支撑，身体倒立行走，初练时脚可倚物，以利平衡。有一定功夫后，两掌变爪，用十指抓地在软土地上行走，久练功成。（图 1–124）

图 1–124

七、虎叼玄坛

1. 备小口酒坛一个，重约 5 斤，以四平大马桩立于酒坛前，两手抱拳于腰间。目视酒坛，呼吸自然。（图 1–125）

2. 先伸出右爪，抓住坛口外缘，吸气同时，缓缓向上提至与胸同高。（图 1–126、图 1–127）

3. 呼气时，气下沉，缓缓把坛落放于地后右爪变拳收回腰间。（图 1–128）

图 1–125

图 1–126

图 1–127

图 1–128

4. 右爪乏力时，换左爪练习。（图 1–129、图 1–130）

每练 10 天加细沙 5 斤，直至加满。至能随意提升时，再以铁砂更替之。至坛口加满（约 80 斤），能随意提升时，则功告圆满。

图 1–129

图 1–130

八、单虎出洞

1. 备铁砂吊袋，重约 100 斤。面对吊袋，虚步站立，左爪前伸，右爪抱于腰间，爪心向上。目视吊袋。（图 1–131）

图 1–131

2. 用鼻将气吸满，随即喷气，左爪下收；右虎爪随上体左转，直臂向吊袋扑击。（图 1–132）

预备动作时，全身蓄劲。发力时，左腿由虚到实，以掌根用力推打吊袋，或以虎爪抓击砂袋。单爪反复练习 49 次后，再换另一爪练习。也可左右爪互换连击。

图 1–132

九、猛虎摆尾

备方形铁砂袋置于坚实木凳或石凳上，以备练功。

1. 吸气，右脚后退一步成左高弓步，右虎爪屈臂上举于头右上方，掌心向斜上方，目视砂袋。（图 1–133）

图 1–133

2. 随即喷气，同时，身体重心移向左腿成左低弓步，右虎爪向前、向下击打砂袋。（图 1–134）

然后，重心移向右腿成右高弓步还原，照上述方法反复练习 49 次，再换左虎爪练习，方法相同，唯方向相反。

图 1–134

十、猛虎扑食

备铁砂袋或铁砂球一个，重 25 ～ 30 斤。

1. 采用逆式呼吸，鼻吸鼻喷。右爪抓铁砂袋，屈肘于右肩前，同时吸气。（图 1–135）

图 1–135

2. 闭气，右爪将砂袋向上抛出。（图 1–136）

3. 喷气，右爪迅速扑抓即将落下来的砂袋。（图 1–137）

照上述方法反复练习 49 次后，再换左爪练习。

图 1–136

图 1–137

【练基本功的注意事项】

1. 练前两势内功时，宜面南背北。

2. 练硬功前，要先活动手指。练功后宜用舒筋活血的药酒或药水洗手，并反复活动手指，以防手指僵硬。

3. 练硬功时，要高度集中注意力，不可分心，以防练而无功。

4. 练功必须循序渐进，不可急于求成，以防折伤手指。

第二章　虎拳秘传三十六式

虎拳三十六式，乃南派虎拳之秘修拳法，从不外传，所谓“中华虎拳人称奇，南派真传独家秘”。

南派虎拳具有中国南拳特色，多爪法，多变桩，用暗腿，讲擒打。而北派虎拳，一般重腿法，式架大，讲合击，多打法。

本拳即南派虎拳经典拳法，注重进攻，攻防兼备，招法独特，变化多端。拳歌曰：“黑虎封门敌莫进，白虎拦路保自身。猛虎下山谁能御，饿虎扑食无人敌。”

今笔者把此拳首次披露，以飨武林同道。望读者惜之而多加练习，学成虎拳绝学而发扬光大。

一、白虎坐洞

1 两脚并步，正身直立，两掌垂于体侧，全身放松，呼吸自然。目视前方。（图 2–1）

2. 右掌握拳收抱腰间，拳心向上；随之，左掌收于右腰前，掌心贴住右拳面，掌尖向右外斜上方。目视右拳左掌。（图 2–2）

3. 左脚向前进一步，脚前掌点地，重心下沉，右腿屈膝，成左虚步。同时，右拳、左掌从右腰间向正前方推移出，高与口平，目视前方。（图 2–3）

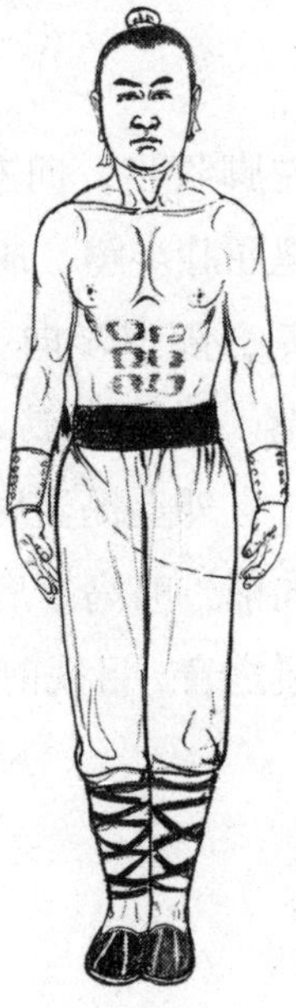

图 2–1

图 2–2

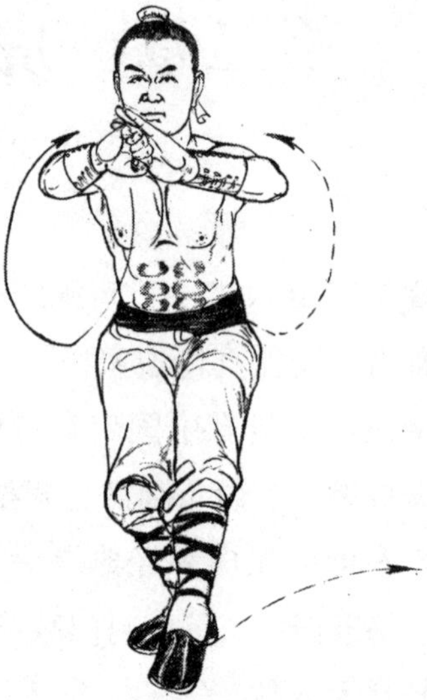
图 2–3

4. 左脚收步，向左外侧横跨一步，两腿屈膝半蹲，成马步。同时，两手成掌，随退步向下、向左右、向后分落。马步刚成之际，两掌抖劲成爪，自外上提至肩前，猛转爪，成爪心向前，略高于肩，切齿怒目，鼻发虎吼之音，目视前方。（图 2–4）

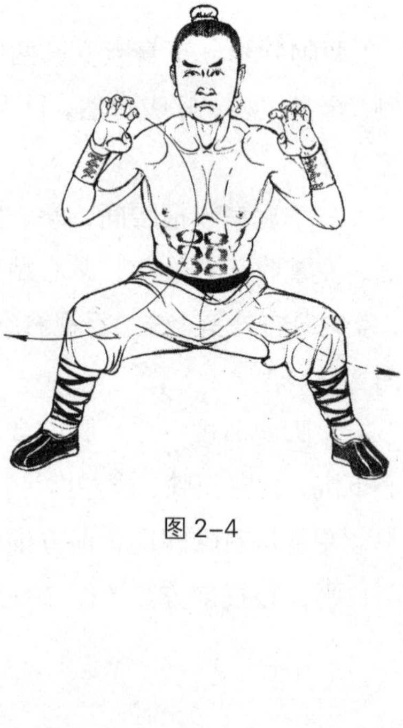
图 2–4

5. 臀部下沉，两爪自胸前下落，弧形划爪至两膝前外侧方，两爪心向下，虎口向内斜前方，略低于膝部，目视右爪。（图 2–5）

图 2–5

6. 右脚弧形向前上步，脚前掌点地，两腿屈膝半蹲，成右半马、半虚步势。同时，右爪向内画弧，吊臂于右小腿内侧前方，爪心向前，虎口向右外斜侧方，左爪旋转，屈肘架臂亮爪于头额前上侧，爪心向上，虎口向下，目视前方。（图 2–6）

7. 左脚上步于右脚内侧，并步正身直立。同时，两臂向左右分展，成一字平肩，挺腕立爪，爪心向外，虎口向前，目视前方。（图 2–7）

图 2–6

图 2–7

二、双虎抖威

1. 两脚跟悬提，体上升，两爪弧形上举，至头顶上方，爪心、爪尖向上，虎口向前下方，拇指在前，深吸气，目视前方。（图 2–8）

2. 两脚跟下落震地，双膝挺直。同时，两爪翻转沿体前下按，至裆前，爪心向下，虎口向里，鼻喷气发音，目视两爪。（图 2–9）

3. 右脚向后退步，右腿屈膝，左脚跟虚悬，成左虚步。同时，两爪收于右腰侧，成抱球状，右下左上，两爪心相对，目视双爪。（图 2–10）

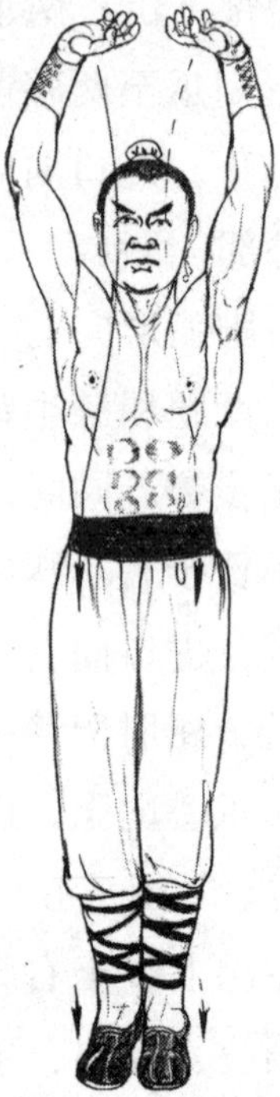
图 2–8

图 2–9

图 2–10

4. 左脚向左侧方弧形收摆一步，两腿屈膝半蹲，左三右七，成左半马步。同时，右爪抱腰不动，左爪向左前弧形抓下，高与小腹平，爪心向下，虎口向左内侧斜前方，目视左爪。（图 2–11）

5. 身略下沉，上体略前倾，右爪向前抓下，高与腹平，左爪略内收，护于右小臂内下侧，爪心向下，目视右爪。（图 2–12）

图 2–11

图 2–12

6. 右腿挺膝蹬伸，左腿前弓，成左弓步。同时，右爪伸臂下按，高与肚脐平，虎口向左后侧，左爪向前扑抓，高与鼻平，爪心向前，虎口斜对鼻尖，目视左爪。（图 2–13）

图 2–13

7. 左脚尖内扣，两腿屈膝半蹲，成高马步。同时，上体右转，左爪随转身经头顶向右侧方扑按，高与口鼻平，爪心向下，虎口向后，右爪上提至左腋后外侧，虎口贴腋，爪心向下，目视左爪。（图 2–14）

图 2–14

8. 右脚前移步，屈膝前弓，左腿蹬伸，成右弓步。同时，右爪向右弧形扑抓，高与鼻平，爪心向前，左爪下按，护于右小臂下侧方，目视右爪。（图 2–15）

图 2–15

三、黑虎巡山

图 2–16

1. 左脚弧形绕步，经右脚内侧绕至右内侧前方，脚尖外展。同时，上体左转，左爪随上步转体向左前上方画弧格爪，高与额平，爪心向前斜上方，右爪内划下按，至右大腿前外侧，目视左外侧前方。（图 2–16）

2. 右脚绕步向左脚外侧前方落步，成右高弓步。同时，右爪弧形下按于腹前，右爪向前扑抓，高与额平，目视右爪。（图 2–17）

3. 左脚上步，上体右转，两腿屈膝半蹲，成半马步。同时，右爪收抱于右腰间，左爪向左前方推出，高与面部平，挺腕立爪，目视左爪。（图 2–18）

图 2–17

图 2–18

4. 右腿屈膝跪地。同时，左爪下按，高与腹平，右爪伸臂向前推出，高与肩平，挺腕立爪，爪顶高与鼻平，目视右爪。（图 2–19）

图 2–19

四、猛虎扑食

1. 右脚提起向左脚后落地，随之左腿屈膝提起，膝盖高与腹平，脚尖向前，右腿伸立成独立步。同时，两爪收于两腰间，爪心向前上方，目视前方。（图 2–20）

2. 左脚向前落步，屈膝前弓。同时，两爪向前扑抓，高与鼻平，两虎口相对，目视双爪。（图 2–21）

图 2–20

图 2–21

3. 重心移于左腿，脚跟提悬，脚前掌着地，随之，右脚蹬地而起，绷直脚尖向前上方点出。同时，两爪下落向臀部后甩，挺胸收腹，两虎口相对，爪心向后，目视右脚尖。（图 2–22）

4. 右脚向前落地，左脚跟落地脚尖外旋，随之右转体，左腿屈膝，右腿蹬伸，成左弓步。同时，两爪收于臀部两侧，挺腕竖爪，爪心向下，肘尖后拉，挺胸收腹，昂首，目视前方。（图 2–23）

图 2–22

图 2–23

5. 两脚蹬地腾空向前跳步，两脚落地之际，左膝前弓，右膝跪地，成右跪步。同时，两爪向前扑抓，高与口平。目视双爪。（图 2–24）

图 2–24

五、黑虎掏心

1. 右脚向左脚后上步，落地踏实之际，左脚跟提悬成脚尖点地，两膝半屈，成左高丁步。同时，左爪收于左肋侧，虎口贴肋，爪心向下，右爪顺时针画一圆，成横贯爪，高与耳平，虎口向上，目视右爪。（图 2–25）

2. 左脚向前一步，屈膝前弓，右腿蹬伸，成左弓步。右爪向前下按，高与腹平，左爪抡转，向前撩，高与眉额平，目视左爪。（图 2–26）

图 2–25

图 2–26

3. 两脚蹬地腾空向前跳步，落地仍成左弓步。同时，左爪内旋向前下推，高与腹平，右爪伸臂向前推，高与鼻平，目视右爪。（图 2–27）

图 2–27

4. 右脚向前弹踢跨步，落地屈膝前蹲，左膝跪地成左跪步。同时，两爪随进身，左前右后分展，至成跪步之际，右爪自体后向前撩抓掏爪，高于头顶，左爪下按，护于右大臂内下侧方，目视右爪。（图 2–28、图 2–29）

图 2–28

图 2–29

六、白虎洗脸

1. 右脚拖步进身，成右弓步。同时，右爪旋腕向前抓，高与头额平，爪心向下，腕、肘皆屈，左爪不变，目视右爪。（图 2–30）

图 2–30

2. 左脚收步于右肩内侧，一落地迅疾向左外横跨一步，屈膝半蹲成马步。同时，右爪下按成伏爪，左爪向上成拨爪，目视左爪。（图 2–31）

3. 左脚向右脚内侧收步，迅疾向前上一步，屈膝前弓成左弓步。同时，右爪向前扑抓，高与鼻眼平，左爪内划下压，护于右小臂内侧下方，高与腹平，目视右爪。（图 2–32）

图 2–31

4. 上体右转，右脚退后一步，随之，左脚向前上一步，两腿稍屈膝，成左高虚步。同时，右爪随转身收于右腰间，爪心向上，左爪随转身向前推出，爪心向前，挺腕竖爪，目视左爪。（图 2–33）

图 2–32

图 2–33

七、饿虎落地

1. 右膝猛地向前上提，同时，左膝向前上冲，使身体上升。双爪向前上方伸臂托抓，爪心向上，两臂伸直。（图 2–34）

2. 右脚先落地，随之左脚向前落地，左腿屈膝，右腿蹬伸，成左弓步，同时，两爪随体下落向左右弧形分展下落，至弓步成形之际，两爪落至臀两侧下后方。随之上体向左倾，两爪向左前侧方推出，右上左下，身体斜侧，右爪高于头顶，虎口向下，左爪高与鼻平，爪心向前斜上方，目视前方。（图 2–35）

图 2–34

图 2–35

3. 右脚上步于左脚内侧，随之向右外侧方横摆一步，屈膝半蹲，左膝跪地，成骑龙步。同时，两爪下收至胸前之际，迅疾左右分推，高与眉额平，挺腕竖爪，右爪心向右，左爪略旋，成爪心向上，目视左爪。（图 2–36）

图 2–36

4. 右脚向前方上进一步，屈膝半蹲，左膝跪地，成左跪步。同时，两爪向前伸臂合抱，上体前倾，高与胸平，两爪心相对如抱物，目视双爪。（图 2–37）

图 2–37

5. 右脚退步于左脚后，随之左脚向后退一步，右腿屈膝，左腿蹬伸，成右弓步。同时，双爪收于腰间两侧，肘部后拉，挺胸收腹，爪棱贴肋，爪心向前，目视前方。（图 2–38）

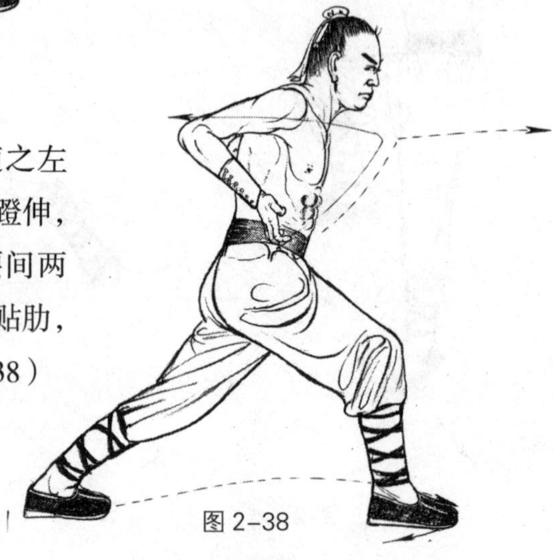

图 2–38

八、猛虎出林

1. 左脚上步于右脚内侧，随之右脚尖外展，右转体约 90 度，两腿并步正身直立。同时，两爪自腰间提至胸前，迅疾向左右伸臂推出，成一字平肩，挺腕竖爪，虎口向前，爪心向外，目视前方。（图 2–39）

2. 双腿屈膝蹬地，向上跳起；在空中时，双膝并拢上提，脚面绷平，脚尖向下。同时，两爪屈肘上提，高与耳平，爪心向前。（图 2–40）

图 2–39

图 2–40

3. 两脚同时落地，屈膝半蹲成马步。同时，两爪经耳旁向内、向下，经体前向两侧推出，两臂平肩，挺腕竖爪，爪心向外，头左转，目视左爪。（图 2–41）

4. 右脚向左脚跟落步，左脚迅疾向前跨出一步，左腿屈膝，右腿蹬伸，成左弓步。同时，右爪向前扑抓按下，虎口向里，爪心向下，置于左侧腹角前侧，随之，左爪逆时针划弧向前上横贯爪，高与眉额平，虎口对额，爪心斜向内上方，目视左爪。（图 2–42）

图 2–41

5. 左腿伸立，右脚迅疾蹬力向前勾踢而出，伸膝勾脚，高与裆平。同时，左爪下按推至右肋侧，虎口对肋，爪心向右后侧方，右爪向左前上方推出，高与眉眼平，爪心向外，虎口对面，上体右转，目视右后斜侧方。（图 2–43）

图 2–42

图 2–43

九、饥虎寻食

图 2-44

1. 右脚向前落地，左脚上进一步；随之右转体，右脚尖外展，屈膝半蹲，左脚前掌贴地，脚跟提悬，左膝下跪，成骑龙步。同时，右爪下按，至腹前，爪心向下，虎口向里，左爪逆时针划圆，向右前侧拨爪，屈肘竖臂，高与眉眼平，爪心向上，头左转，目视左前侧方。（图 2-44）

2. 左脚跟内旋落地，脚尖外展，左腿外旋屈膝，右脚尖内扣，蹬伸腿膝，上体左转成横裆步。同时，左爪随转体弧形下划，高与肚脐平，虎口对腹，爪心向下，右爪向左拨爪，高与眉眼平，目视正前方。（图 2-45）

3. 右脚向左前方上步，屈膝半蹲，左腿蹬伸，成右弓步。同时，左爪向前上方推托，高与额平，爪心向上，虎口对额，右爪下按，置于左大臂内侧下方、左肋前侧，爪心向下，目视左爪。（图 2-46）

图 2-45

图 2-46

4. 上体左转，右脚尖内扣，左脚跟内旋后收，两膝相扣，右腿屈膝，左腿前伸，成左高虚步。同时，左爪收于左腰间，爪心向里，虎口向上，右爪向前推出，高与鼻平，挺腕竖爪，爪心向前，目视右爪。（图 2–47）

图 2–47

十、猛虎擒羊

1. 右脚上步，右腿屈膝，左腿蹬伸，成右弓步。同时，上身前倾，左爪反臂向前下伸，高与裆平，虎口向下，爪心向外，右爪护于右肩前，目视左爪。（图 2–48）

图 2–48

2. 左膝略屈，成半跪步。同时，立起上身，左爪收于左腰间，右爪向前弧形伸出旋抓，高与鼻平，虎口向前斜上方，目视右爪。（图 2–49）

3. 步形不变。左爪成掌向前穿出，高与胸平，掌心向上，掌尖向前，右爪旋腕变掌前插，高与眼平，掌心向下，两掌似抱球之意，目视双掌。（图 2–50）

图 2–49

图 2–50

4. 右脚尖内扣，左脚尖外展，左转体约 180 度，左腿屈膝，右腿蹬伸，成左弓步。同时，双掌随转体变爪，成“蝴蝶双飞势”向左前方推出，右爪在上，高与眉额平，左掌在下，高与胸平，目视右掌。（图 2–51）

图 2–51

图 2-52

5. 右脚上步于左脚内侧，随之向右外侧方横跨一步，两膝半蹲成马步。同时，两爪在胸前逆时针划弧，至裆前时，左爪收抱于左腰间，右爪向左前上抄，高与鼻平，爪心向上，虎口向右，头右转，目视右侧下方。（图 2-52）

十一、白虎剪尾

1. 右脚提起向左脚内侧地面震步，左脚迅疾向左侧虚提膝，脚尖点地；上体向右倾斜。同时，右爪下收于体侧，爪心向里，左爪划弧至体右侧斜前方，爪心向左，体成半蹲摆按爪势。目视左下侧。（图 2-53）

2. 动作不停，重心在右，左脚脚背绷直，由左下侧向左侧外、向左上方、向后逆时画划弧左摆腿，且停于左后方。同时，两爪左右摆动保持平衡，目视左脚。（图 2-54）

图 2-53

图 2-54

3. 左脚向前落步，右脚尖内扣，左腿屈膝，成左弓步。同时，左爪收于左腰间，爪心向上，右爪向前扑抓，高与鼻平，目视右爪。（图 2–55）

4. 上体右转，左腿屈膝，右腿伸仆，成右仆步。同时，右爪随转体向右后下画弧反撩，至臀部后侧时虎爪变勾手，勾尖向后上方，左掌架臂亮掌于头额前上侧，掌心向前斜上方，掌尖向右，目视右脚。（图 2–56）

图 2–55

图 2–56

5. 右脚贴地扫转一周，蹬伸起身，左腿前弓，成左弓步。同时，左掌向左前方推出，掌棱向前，掌尖向上，右勾手斜置于体后，目视左掌。（图 2–57）

图 2–57

6. 左脚前掌为轴，脚跟悬离，迅疾右转身，右腿向右后回旋扫，体转 180 度以上，右腿伸直，脚底向上。同时，左右展臂，挺腕立掌，掌心向外，掌尖向上。（图 2–58）

7. 右腿外摆下落，屈膝，左腿蹬伸，成右弓步。同时，左爪随落步旋体弧形由上向前下扑抓，高与鼻平，爪心向前，右爪下按，护于左小臂下侧方，目视左爪。（图 2–59）

图 2–58

图 2–59

十二、饿虎转身

1. 右转体，左脚跟后碾，右脚蹬地收提，向右侧方踹出，高与腰平，力达脚掌。同时，两掌左右分开保持身体平衡，上体略向左倾，目视右脚。（图 2–60）

2. 右脚向前落地，重心移于右腿，膝部略屈，随之，左脚蹬地向前上方伸腿蹬出，高过头顶，脚尖勾紧，脚底向上。同时，两爪成勾手向身下侧后甩，挺胸收腹，目视左脚。（图 2–61）

图 2–60

图 2–61

图 2–62

3. 左脚收落踏地，左腿屈膝提起，高与腹平，脚尖略上勾向正前方。同时，两勾手变爪收于两腰间，肘向后上提，爪心向前，爪棱贴肋，目视前方。（图 2–62）

4. 右脚向前落步，迅疾前拖步，成右弓步。同时，两爪至腹前，两爪根相贴，右下左上成“蝴蝶双飞势”，向前推出，高与下颌平，目视双爪。（图 2–63）

图 2–63

5. 重心移于右腿，伸膝独立，左腿屈膝提起，脚掌贴于右膝盖前侧。同时，两掌向内下收于腹前，右下左上，成抱球状，目视两爪。（图 2–64）

6. 左脚向左后侧方落步，上体左转，左腿屈膝，右腿蹬伸，成左弓步。同时，右爪向右上画弧撩爪，高与头平，左爪随转身向左前画弧扑抓，高与肩平，爪心向下，爪顶向前，目视左爪。（图 2–65）

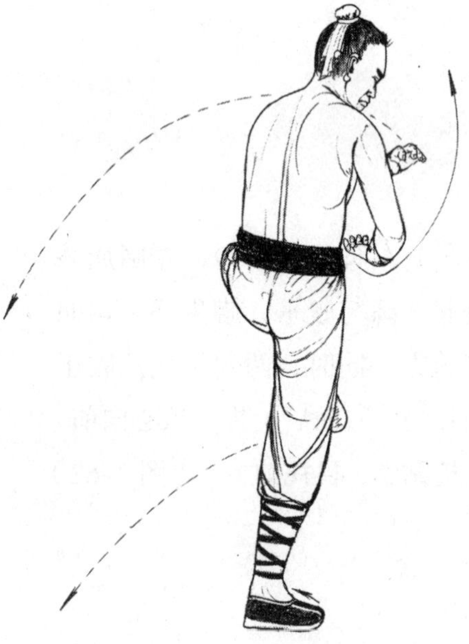

图 2–64

7. 右脚进步，两腿伸膝而立。同时，上体略前倾，右爪向前扑抓下，臂伸直，高与鼻平，左爪护于右肘尖下侧方，爪心向下，目视右爪。（图 2–66）

图 2–65

图 2–66

十三、猛虎寻路

1. 左脚外展，上体左转，右脚提起向左前方蹬踩出，高与膝平，脚尖勾紧向上。同时，右爪收于右腰间，爪心向下，左爪拨爪托于面前，高与颌平，目视前下方。（图 2–67）

图 2–67

2. 右脚向前落地，右腿屈膝，左腿蹬伸，膝略下跪，成半跪步。同时，左转向右肋侧画弧按爪，右爪迅疾向前下扑

抓，高与裆平，爪心向下，目视右爪。(图2–68)

图 2–68

3. 半跪步不变。右爪向上、向右、向下画弧按爪于臀部后侧方，臂伸直，左爪向下、向前、向上画弧托推爪，高于头额，爪心向前斜上方，目视左爪。（图2–69）

4. 重心移于右腿，伸膝独立，左腿屈膝提起，位于体左侧。同时，上体略右倾，右爪从下向前上方撩出，臂伸直，爪高于头顶，爪心向上，左爪环臂于面前，护于右大臂内侧方，目视右爪。（图 2–70）

图 2–69

图 2–70

5. 左脚向右前方落步，上体右转，右脚尖外展，左脚尖内扣，脚跟悬提，左膝下沉跪，成骑龙步。同时，右爪弧形下按于左腹角前侧，左爪向内、向下、向前、向上画弧托爪，高与眉额平，目视左爪。（图 2–71）

图 2–71

十四、黑虎甩尾

1. 左脚跟落地，向前贴地伸腿，成左高仆步。同时，两爪（左爪逆时针方向，右爪顺时针方向）画弧，至左肋侧之际，变拳向左前方击出，左拳在前，高与肩平，拳眼向上，右拳位于左肘尖下侧，拳眼向上，目视左拳。（图 2–72）

2. 左跳步进身，步形不变。同时，两拳逆时针画弧半圈之际，变爪成“蝴蝶双飞势”向前推出，右下左上，高与胸平，两爪根相对，目视左爪。（图 2–73）

图 2–72

图 2–73

3. 右脚向前进步，右腿屈膝，左腿蹬伸，成右弓步。同时，两爪向前一推，迅疾握拳向体后甩，两臂伸直，拳心向后，挺胸昂首，目视前方。（图 2–74）

4. 左脚尖外展，重心移于左腿，左腿屈膝，右膝跪膝，右小腿内侧及脚掌内侧均贴地面，成右跪步。同时，两拳自体后向上、向前、向下画弧，至胸前相交之际，右拳直臂下插，拳面对地面，拳眼向里，左拳上翻架臂于头额前上方，拳心向上，拳眼对额，目视右斜前方。（图 2–75）

图 2–74

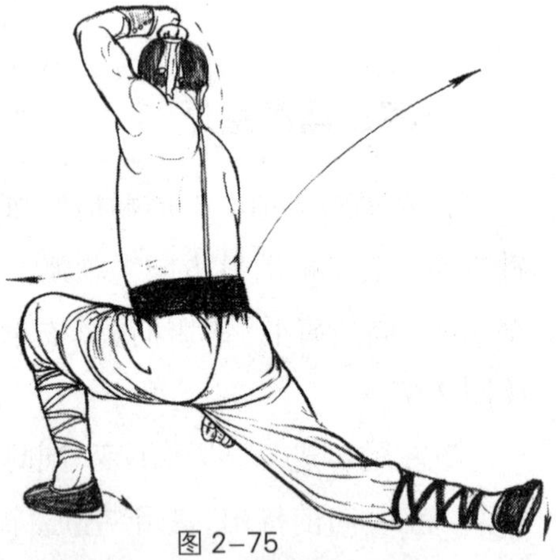

图 2–75

5. 右脚掌落地，脚尖外展，立膝半蹲，左脚尖内扣，蹬腿挺膝，成右弓步。同时，左拳自头顶向下、向后甩，斜拖臂，右拳向前上翻抛拳，高于头顶，拳面向上，拳心向后。（图 2–76）

图 2–76

6. 左脚向前进步，左腿屈膝，右腿蹬伸，成左弓步。同时，左拳向前抛出，高于头顶，拳面向上，拳心向后，右拳向后下方甩出，斜拖臂于体右侧，上体左前倾，目视左拳。（图2–77）

图 2–77

十五、猛虎回头

1. 左跳步进身，左弓步不变。同时，左拳旋腕变爪，架臂于头额前上侧方，爪心向前，虎口向下，右拳变爪，向前直臂推出，高与肩平，目视右爪。（图2–78）

图 2–78

2. 左脚向右绕行步，成左盖步。同时，左爪下收于左侧腹角前侧，爪心向前，虎口向外，右爪经面前向左拨爪停于左肩前，爪心向左，虎口向里，目视左侧。（图 2–79）

图 2–79

3. 右脚经左脚前向左横跨一步，上体微右转成盖步。同时，右爪向上经面前回收腰间，爪心向前，虎口向外，左爪与右爪一齐经面前向右拨爪，停于右肩前，爪心向右，虎口向里，目视右侧后方。（图 2–80）

4. 左脚向前进步，右腿用力蹬直，上体左转成左弓步。同时，两爪用力向前推出，爪心向前，爪根上下相对，右下左上成“蝴蝶双飞势”，目视左爪。（图 2–81）

图 2–80

图 2–81

5. 右脚向前进步，屈膝半蹲，左腿跪地，左脚前掌着地，脚跟悬离，成左跪步。同时，上体右转，两爪随转体经面前画弧向身后侧扑抓，左爪落至右腋前侧，虎口向里，爪心向右，右爪高与肩平，爪心向前，目视右爪。（图 2–82）

图 2–82

6. 左脚跟落地，伸膝立起，随之，右脚蹬地而起，向右后侧上方踹出，高于头顶，力达脚底。同时，上体向左倾，两臂左右分开，保持身体平衡。（图 2–83）

图 2–83

十六、白虎跳涧

1. 右脚向前落地，重心右移，左腿屈膝提起。同时，上体右倾，双爪向右劈爪于右侧前方，爪心向下，右爪高与大腿下段平，左爪高与右肘弯内侧平，目视右爪。（图 2–84）

2. 重心在右，身体上升，右脚踏地用力起跳，向头上方摆腿做旋风脚，且脚背绷直扣踝。同时，向左上方画弧摆掌，且在体前上方左手击响右脚掌，右手位于右侧，目视击响处。（图 2–85）

图 2–84

3. 身体由空中继续左旋 180 度落地踏实，左腿屈膝，右腿跪地，成右跪步。同时，双手随体转落地向下画弧，左手变爪架臂举于左侧头顶上方，爪心向上，右手变爪向下劈按于身前地面，目视正前方。（图 2–86）

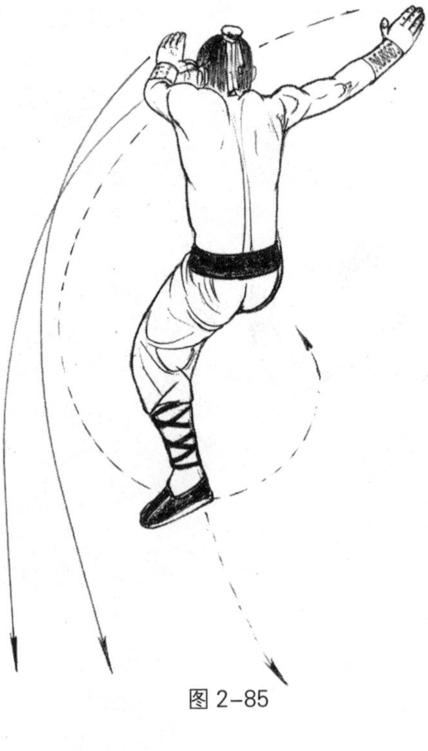

图 2–85

图 2–86

4. 上体左转，拖步向前，成左弓步。同时，左爪向下、向右画弧抄至裆部前侧，爪心向右，虎口向左，右爪向左上撩，至与胸平时转腕向前推爪，高与鼻平，目视右爪。（图 2–87）

图 2–87

5. 右脚向前上步，随之，左脚向前伸腿弹踢，高于眉额，脚背绷直。同时，右爪向上、向右、向下画弧，至腹前与左爪相合时，双爪变掌向前上方伸出，掌心向前，掌尖向上，目视左脚。（图 2–88）

6. 右脚前掌用力踏地起跳，脚背绷直向右前上方摆腿飞脚，身体腾空；左脚随右摆腿向左胯下侧扣腿，脚背绷直顶膝。同时，双掌向前按，仍伸臂举掌于头顶前上方，目视右脚。（图 2–89）

图 2–88

图 2–89

十七、幼虎掏巢

1. 左脚先落地，右脚随之向前落地，两脚踏实，右腿屈膝，左腿跪步。同时，右掌随体落地向后、向下画弧，继向前撩爪，高与胸平，爪心向上，左掌变爪，屈肘架臂于头额前上侧方，虎口向下，爪心向前，目视右爪。（图 2–90）

图 2–90

2. 右拖步进身，左腿蹬伸，成右弓步。同时，左爪随进身，旋腕向前撩爪，高与下颌平，右爪向左拨，护于左肩前侧方，虎口对下巴，爪棱向前，目视左爪。（图 2–91）

3. 左脚经右脚后侧插步，上体右前倾，右转体，右爪向身后反撩抓，高与臀平，爪心向上，左爪护于右腹角前侧，爪心向上。扭头，目视右爪。（图 2–92）

图 2–91

图 2–92

4. 右脚向左脚后侧方退步，上体旋即左转，成右插步。同时，左爪随转体向体后反撩抓，高与臀部平，右爪向左拨，护于左肩前，目视左爪。（图 2–93）

图 2–93

十八、猛虎按爪

1. 两脚蹬地起跳，体在空中迅疾左转约 180 度，两脚落地踏实，屈膝半蹲成马步。同时，两爪随落地交叉下按，右臂在前，左臂在里，目视前下地面。（图 2–94）

2. 两脚蹬地跳起，相并落地成正身直立。同时，两爪同时经对侧向上抬臂举爪至头顶，随落地，弧形下收，抱拳于腰际，挺胸收腹。切齿怒目，瞪视前方。（图 2–95）

图 2–94

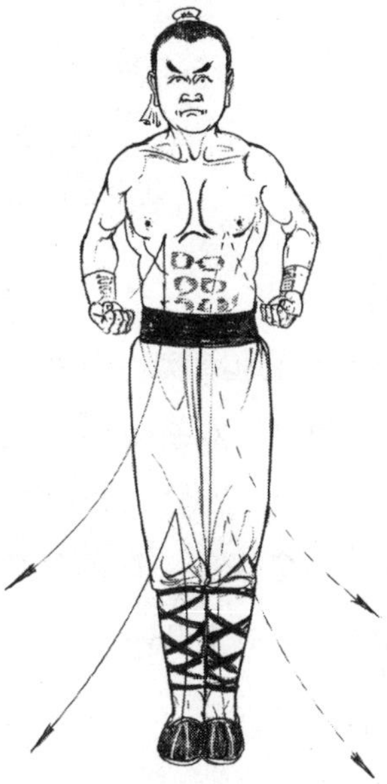

图 2–95

3. 虎吼一声，两脚蹬地起跳，身体腾空；随之两脚分开向下落地踏实，屈膝半蹲成马步。同时，双拳变爪，向下分开按爪于两膝外侧，虎口向前，爪心向下。发鼻音，双目瞪视前下方。（图 2–96）

4. 两脚蹬地起跳，身体左转约 180 度，腾空而起；两爪变拳收提于两肩前侧。（图 2–97）

图 2–96

图 2–97

5. 两脚落地踏实，屈膝半蹲成马步。同时，双拳变爪，向下分开按爪于两膝外侧，虎口向前，爪心向下。发鼻音，双目瞪视前下方地面。（图 2–98）

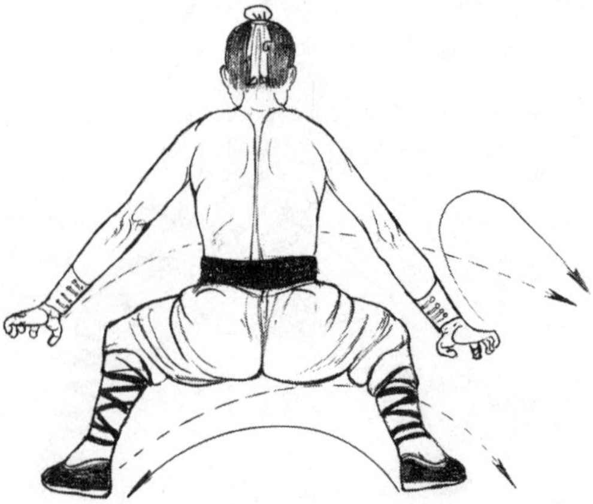

图 2–98

6. 两脚蹬地起跳，右转体，两脚换位，前后落地，成左弓步。同时，双爪提起随落步向前扑抓，虎口相对，高与胸平。目视双爪。（图 2–99）

图 2–99

十九、飞虎过河

1. 右脚收步于左脚内侧并步。同时，双爪向头顶上方伸臂举爪，目视前方。（图 2–100）

2. 两爪下按于脚前地面，上体下俯之际，双腿向后上举，成倒立势。（图 2–101）

3. 双脚向后落地，两掌推地而起，向上翻起，成仰身状。（图 2–102）

4. 右腿向后上摆起；同时，上体左倾，身体在空中做侧翻动作。右脚先落地，左脚随之落地。（图 2–103 ~ 图 2–105）

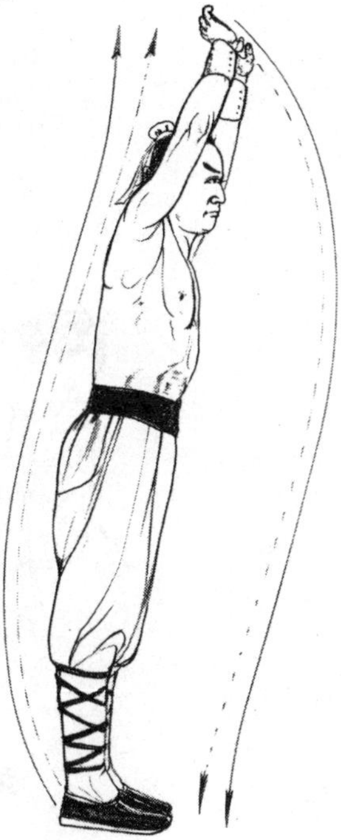

图 2–100

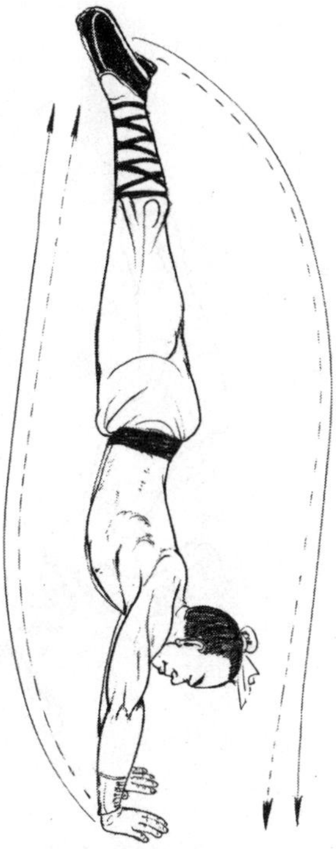

图 2–101

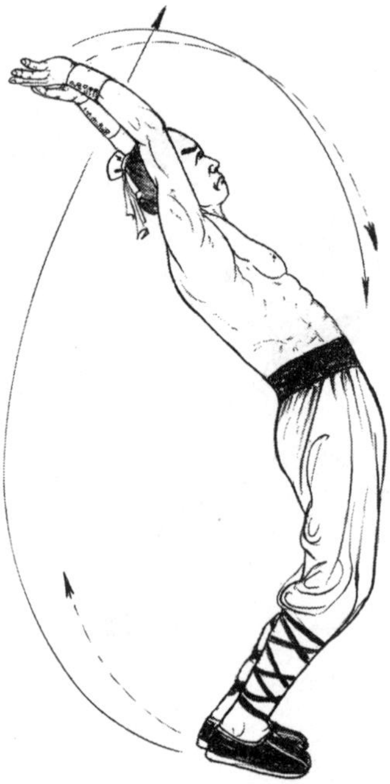

图 2-102

图 2-103

图 2-104

图 2-105

5. 右脚尖内扣，左脚尖外展，上体左转，两腿成右插步。同时，两爪随转体向左后摆反撩爪，左爪在臀部左后下侧，爪心向后，爪顶向下，右爪护于腹部左侧，目视左爪。（图 2-106）

图 2-106

6. 左脚蹬地，右腿前摆，身体向前跃起。同时，两臂上摆，身体在空中右转，展腹、挺胸、背腿。目视右掌。（图 2-107）

7. 右腿落地全蹲，左腿随即落地向前铲出，成仆步，右掌变拳抱于腰间，左掌下落置于右胸前，目视左前方。（图 2-108）

图 2-107

图 2-108

二十、猛虎夺鹰

图 2–109

1. 重心左移，右脚收步于左脚内侧踏实，随之右脚向正前侧移动半步，脚前掌着地，脚跟悬提，成右虚丁步。同时，右爪收抱于腰间，爪心向上，左掌变爪，向左外侧伸臂推出，高与颌平，目视左爪。（图 2–109）

2. 重心落于左腿，略屈膝，右腿屈膝提起，成独立步。同时，两爪变掌，向头顶画弧交叉下落于胸前，左掌停于右胁肋外侧方，右掌停于左脚前侧方，目视左侧前方。（图 2–110）

3. 左脚向左前方落步，右脚跟向后碾，成左弓步。同时，两掌左右分展刺掌，左掌平肩，右掌斜拖体后，高与腰平，虎口均向上，目视左掌。（图 2–111）

图 2–110

图 2–111

4. 右脚上前一步，成右弓步。同时，右掌向前穿，高与肩平，掌心向上，左掌护于右大臂内侧，目视右掌。（图2–112）

5. 动作不停，右脚蹬地向上跳起之际，身体右转，左脚弹地而起，向前上方腾空踹出，两掌成拳，举臂伸于体左右，目视左脚。（图2–113）

图 2–112

图 2–113

6. 右脚先落地，左脚随之落地踏实，左腿屈膝，右腿贴地伸出。同时，两拳随落地变掌，左掌按于右腋前地面，右臂向前伸出，身体右侧贴地，目视右掌。（图2–114）

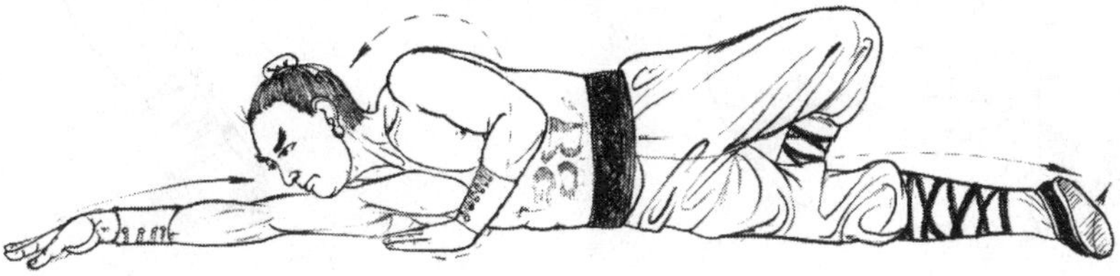

图 2–114

二十一、虎尾点崖

1. 左转身，仰面躺地，两腿相并伸直。两掌屈臂，按掌于头部两侧，掌棱贴耳侧。（图 2–115）

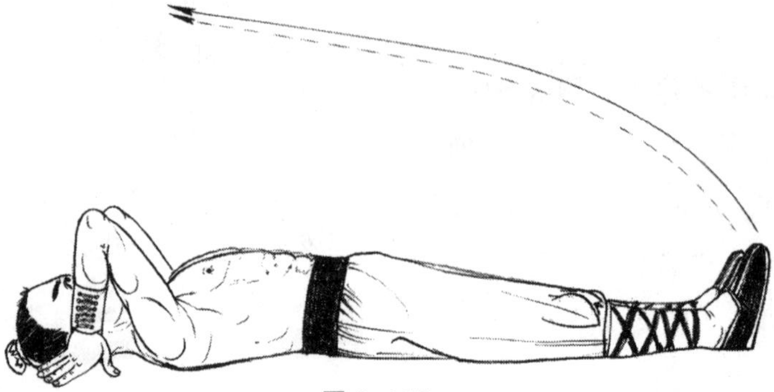

图 2–115

2. 两腿伸直上举，至头面上方。（图 2–116）

3. 两腿向前下方打腿。同时，挺胸、挺腹、头顶地，使身体腾空跃起而立。（图 2–117）

图 2–116

图 2–117

4. 右脚向前一步，左转身，左脚尖外展，上体左转，成左弓步。同时，双掌随转身，向左前方划弧掏爪，高与肩平，爪心向上；右爪护于左肘弯内侧。目视左爪。（图 2–118）

5. 左脚前移步，右脚迅疾向前上方绷紧脚面，直腿点出，高与面部平，两爪护于面前。（图 2–119）

图 2–118

6. 右脚向前落步踏实，左脚跟落地，重心移于左腿，右腿伸膝，成右高虚步。同时，两爪交叉向前下按，高与腹平，右爪在下，左爪在上，目视前方。（图 2–120）

图 2–119

图 2–120

7. 右脚前移步，重心移于右腿，左脚绷紧脚背，直腿向前上方点出，高过额头。两爪停于左大腿近膝关节内侧，目视左脚。（图 2–121）

图 2–121

二十二、白虎掀草

1. 左脚向前落步踏实，上体随之左转，成右插步。同时，两爪随转体向左画弧砍砸，左爪高与腰平，爪棱向下，虎口向上，右爪护于左肋侧，目视左爪。（图 2–122）

图 2–122

2. 上体右转，两掌随转身成“蝴蝶双飞势”置于腹前，两爪根相对，左下右上。同时，右脚提起向前蹬出，力达脚跟，脚尖向上，高与膝平，目视右脚。（图 2–123）

3. 右脚向前落地，随之左脚向前上步，成左弓步。同时，两爪向前推出，“蝴蝶双飞势”不变，高与胸平，目视双爪。（图 2–124）

图 2–123

4. 左脚猛地震脚，右脚迅疾向前上步，成半马步。同时，两爪随震脚向腹内一收，随上步向前推出，高与胸平，目视双爪。（图 2–125）

图 2–124

图 2–125

5. 左脚略收半步，右脚迅疾向后一收即向前踏出，成右弓步。同时，右爪向前下方弧形掏爪，置于右膝前上侧方，爪心向前，虎口向右外方，左爪护于右肩前方，目视前方。（图 2–126）

图 2–126

二十三、黑虎拧身

1. 上体向前探俯，左爪向前下伸，至右脚尖前侧上方，如捡物状，右爪护于左肩前侧，虎口对肩，爪心向左，目视左爪。（图 2–127）

2. 左脚尖外展，右脚尖内扣，左转体，成左弓步。同时，左爪变拳，屈肘向左侧顶出，高与肩平，右爪变掌抵住左拳面，向左助力，目视左前方。（图 2–128）

图 2–127

图 2–128

3. 右脚随左脚碾地向左脚后侧插一步，脚跟提悬，脚前掌贴地。同时，右掌向下、向右、向后、向上、向左画弧，架臂亮掌于头额前上方，掌心向上，虎口向下，左拳变爪，环臂胸前，护于右腋下肋前，爪心向下，虎口对肋。头左转，目视左侧上方。（图 2–129）

图 2–129

4. 右掌随体下蹲由左上方向右侧下方画弧劈爪，爪心向下，指尖触地；同时，左爪由右腋上翻，手腕向下、经体腹前向左侧上方逆时针画弧，挑爪于左侧斜上方，虎口向上，目视右爪。（图 2–130）

5. 右脚跟内旋落地，左脚尖内扣，右转体约 360 度，两腿交叉成左倒插步。同时，两爪随转体向右后侧方反撩，右臂高与鼻平，左爪护于右腋前，目视右爪。（图 2–131）

图 2–130

图 2–131

二十四、白虎望月

1. 右脚蹬地纵起，左腿屈膝上提，上体左转；同时，两臂上摆。（图 2–132）

2. 在空中身体继续左转；同时，右腿伸直上摆里合，左腿屈膝收控。（图 2–133）

图 2–132

图 2–133

3. 在空中身体右转 360 度后，上体侧倒，右腿合于左腿上成剪状盘跌落地。（图 2–134）

图 2–134

4. 上体后仰，右腿伸直向左平扫；同时，右臂侧摆。（图2–135）

5. 动作不停，上体向后仰翻，两腿上举相绞；随之，双手扶地上推，使身体成倒立状。（图2–136 ~ 图2–138）

图 2–135

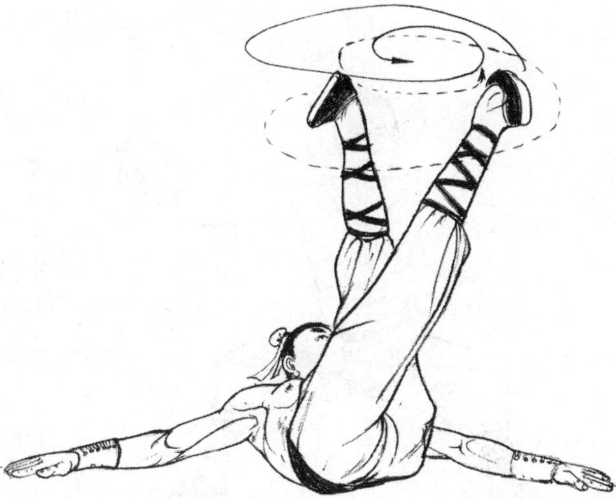

图 2–136

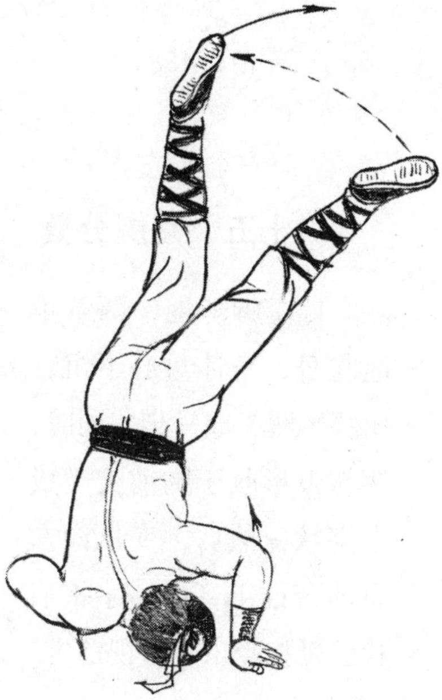

图 2–137

6. 右脚先落地，两手按地于身右前侧地面，左脚下落体后，成虎尾撑腿势。（图 2–139）

图 2–138

图 2–139

二十五、猛虎分翼

1. 左脚落地，两掌推地起身，身体重心下沉，屈膝半蹲，成马步。同时，两掌弧形收于胸前交叉成十字状，然后，变爪向左右伸臂推出，成一字平肩状，挺腕竖爪，目视前方。（图 2–140）

图 2–140

2. 马步不变，两爪向胸前收拢成交叉臂，左外右内，爪心向里，虎口向上，发鼻音低吼。（图 2–141）

图 2–141

3. 右脚经左脚后侧插步，右脚跟提悬，脚前掌贴地，膝部沉跪。同时，头部左转，两爪向左右分展抓下，高与肩平，爪心向下，虎口向前，目视左爪。（图 2–142）

图 2–142

4. 右脚跟落地，左脚向左外侧横跨一步，屈膝半蹲，成马步。同时，两爪内收，交叉于胸前，爪心向里，虎口向上。（图 2–143）

图 2–143

5. 右脚经左脚后侧插步，右脚跟提悬，脚前掌贴地，膝部沉跪。同时，头部左转，两爪向左右分展抓下，高与肩平，爪心向下，虎口向前，目视左爪。（图 2–144）

图 2–144

二十六、猛虎插翅

1. 右脚跟落地，上体右转，左脚尖内扣，两腿屈膝半蹲，成右半马步。同时，右爪随转体，向右下侧画弧格爪，高与右膝平，爪心向后，爪棱向前，左爪护于右大臂内下侧方，目视右爪。（图 2–145）

2. 左脚尖内扣，右脚尖外展，左腿蹬伸，成右弓步。同时，右爪上翻，向前侧爪推出，高与眉额平，虎口向下，爪心向前，左爪前撩，高与腹平，虎口向外，爪顶向下，目视右爪。（图 2–146）

图 2–145

图 2–146

3. 右脚向左脚后侧方退步，左脚尖内扣，两腿屈膝半蹲，成右半马步。右爪随退步转体向右侧下方画弧，格爪于右小腿外侧，爪心向右，左爪护于右肩前侧，爪心向右，目视右爪。（图 2–147）

图 2–147

4. 右脚尖内扣，左脚经右脚后侧插步。同时，右爪收至右腹角，转腕向前下劈掌，力达掌棱，略低于膝，左爪护于右大臂内侧，目视右掌。（图 2–148）

5. 身体左转，两爪收于腹前相抱；随之，两脚换跳步，成右弓步。同时，两爪向前推出，右爪高与眉额平，左爪高与腹平，目视右爪。（图 2–149）

图 2–148

图 2–149

二十七、黑虎过梁

1. 右脚蹬地跳起，上体迅疾左转 180 度，左腿向上提膝腾空。同时，两爪分展上提，使身体向上提升。（图 2–150）

2. 左脚向前落步，随之右脚向前跨落，右腿屈膝，左腿沉跪，脚跟悬提。同时，上体前俯，左爪向前下画弧，收至臀部左侧后方，爪心向里，右爪向前下抓地，目视右爪。（图 2–151）

图 2–150

图 2–151

3. 动作不停，下颏紧收，以右肩、背依次着地团身前滚，左、右腿屈膝依次着地，上体前俯，头向上顶，站起身，两腿逐渐伸直，两臂自然下垂。（图 2–152 ~ 图 2–155）

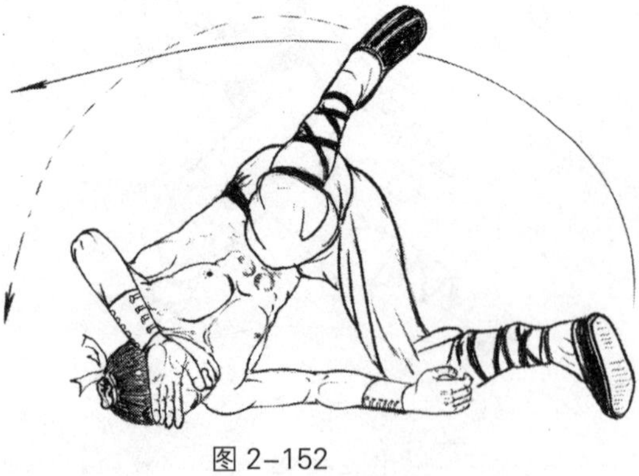
图 2–152

图 2–153

图 2–154

4. 左脚向前跨出一步，右脚跟内旋，体右转，两腿屈膝半蹲，成左半马步。同时，左爪向左前方反爪推出，虎口向下，高与肩平，右爪护于左大臂内侧下方，虎口对左肋，目视左爪。（图 2–156）

图 2–155

图 2–156

二十八、虎啸山林

1. 左脚向右前绕步，两腿成交叉扭步。同时，左爪弧形内收屈肘上托，高与鼻平，虎口向外，右爪护于左肋前侧，爪心向下，目视前方。

（图 2–157）

2. 按上势动作，两脚交替向前弧形上步，连续走八步，形成一个圆形。（图 2–158 ~ 图 2–165）

图 2–157

图 2–158

图 2–159

图 2–160

图 2-161

图 2-162

图 2-163

图 2-164

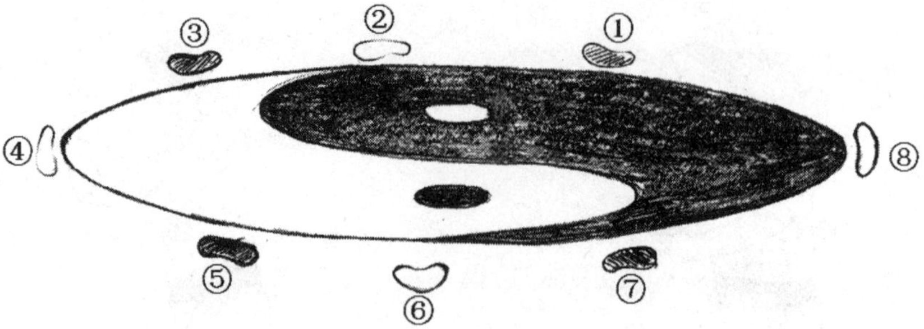

图 2–165

3. 右脚向前一步，左脚向后撤半步，右腿屈膝，左腿沉跪，成左跪步。同时，右爪收于腰间，左爪向下、向前弧形推出，力达爪棱，高与鼻平，目视左爪。（图 2–166）

图 2–166

4. 动作不停，左爪向左外平行画弧，摆爪于左侧方，高与眉额平。目随爪走，其余姿势不变。（图 2–167）

图 2–167

5. 右脚尖内扣，左脚向前划弧一周落步震地，两腿屈膝半蹲，成马步。同时，两爪向左右侧分开，高与肩平，虎口向上，爪心向前，目视前方。（图 2–168）

图 2–168

二十九、猛虎缩身

1. 左脚提起向前跨出一步。同时，两爪收至胸前，虎吼一声，随上步之势向前扑抓而出，高与鼻平，虎口相对，切齿怒目。（图 2–169）

2. 口中发出低吼声，连连不断。同时，两脚连续退步，两爪伸向左右，摇膀晃身，退出三至六步，屈膝半蹲成马步，两爪斜伸臂于体侧，置于两膝外侧，爪心向前，虎口向外，目视前方。（图 2–170）

图 2–169

图 2–170

3. 上体左转，右脚向左上步，脚尖点地，右腿伸直，左腿稍屈膝，成右高虚步。同时，上体向后略倾，两爪收提至两肋侧，爪心向前，虎口向外，目视前下方。（图 2–171）

4. 姿势不变，右脚略提，用脚前掌连续刨地五六次；随之拖步进身，右腿屈膝，左腿沉跪成左跪步。同时虎吼一声，双爪向前扑出，高与鼻平，两虎口相对，爪心向前，目视双爪。（图 2–172）

图 2–171

图 2–172

三十、藏虎调头

1. 左脚内收一步，膝盖靠于右小腿外侧近踝关节处，成歇步。同时，上体右倾，左爪向后反撩掏爪，爪心向上，右爪护于左肩前侧，爪心向左，扭头，目视左爪。（图 2–173）

图 2–173

2. 右脚向后退一步，膝盖沉跪，脚跟悬提，脚尖点地，左腿弯曲，成右跪步。同时，右转身，右爪向右后侧方反撩掏爪，高与臀部平，爪心向上，左爪护于右肩前侧，扭头，目视右爪。（图 2–174）

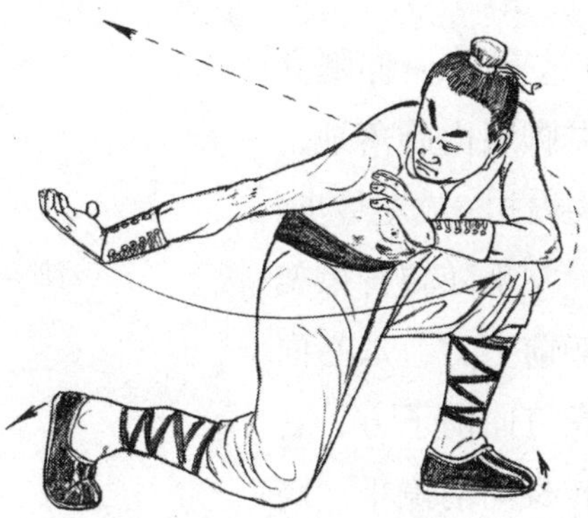

图 2–174

3. 左转体，右脚跟向后落，蹬伸腿，成左弓步。同时，上体左转，左爪向左后侧上方反撩掏爪，高与肩平，右爪护于左肋侧，扭头，目视左爪。（图 2–175）

4. 右脚向前上步，脚尖外展，左脚跟提悬，膝盖沉跪成歇步。同时，右转体，上体左倾，右爪随转体顺时针画弧，反掏爪于体右侧后方，爪心向上，高与头平，左爪护于右肩前，虎口向上，爪心向里，扭头，目视右爪。（图 2–176）

图 2–175

图 2–176

5. 左转身，伸腿立起，左脚跟内旋落地，右脚尖内扣，成左弓步。同时，左爪随转身撩架于头额前上方，爪心向上，虎口向前下方，右爪随转身向前撩爪，高与肩平，爪心向前斜上方，虎口向外，目视右爪。（图 2–177）

图 2–177

6. 右转身，右脚随转身向后退步，两腿屈膝半蹲，成马步。同时，右爪随转身画弧向右侧下方按爪，停于右膝上外侧方，爪心向下，虎口向左，左爪屈臂上托于左侧外上方，高过头顶，虎口向左后斜上方，目视右爪。（图 2–178）

图 2–176

三十一、黑虎扑鳖

1. 左膝向内沉跪，脚跟悬提，脚前掌着地，成左跪步。同时，右爪向左画弧按掌于左腹角侧，左爪下沉平肩，臂略伸，目视左爪。（图 2–179）

2. 左脚跟内旋落地，左腿屈膝，右膝内扣沉跪，脚跟悬提，脚前掌着地，成右跪步。同时，右爪向前扑抓，高与眉额平，爪心向前，左爪向左外划，高与肩平，屈肘停于左侧，虎口向右，爪心向外，目视右爪。（图 2–180）

图 2–179

图 2–180

3. 上体右转，两爪向右侧地面下按撑地，上体右倾，右脚撑地，左脚收脚提起，高与腰平，目视左脚。（图 2–181）

图 2–181

4. 右侧臀部落地，大腿外侧、膝盖外侧、小腿外侧全部贴地，身体下沉。同时，左腿伸膝向前斜上方踹出，脚尖勾紧向上，力达脚跟，目视左脚。（图 2–182）

图 2–182

5. 左脚向左外侧画弧落地踏实，屈膝半蹲，右脚掌落地，随右转身，右膝跪地于左脚内侧地面，成右跪步。同时，两爪随转身画弧，左爪平画弧展臂于左外侧，高与左肩平，虎口向右，右爪向前推出，高与鼻平，虎口向左，目视右爪。（图 2–183）

图 2–183

三十二、虎豹双雄

1. 右脚上步，上体左转约 90 度，左脚尖外展，两腿屈膝半蹲，臀部沉坐，成马步。同时，鼻发“哼”音，两爪内旋一抖，屈肘收立于两肩前，虎口相对，爪心向前，目视前方。（图 2–184）

图 2–184

2. 左转身，向前纵步进身，右腿蹬伸，成左弓步。同时，两掌收于胸前成“蝴蝶双飞势”，随纵步向前方推出，右爪在上，高与鼻平，左爪高与胸平，目视右爪。（图 2–185）

3. 跳步进身，仍成左弓步。同时，两爪向左右外下侧一分，迅疾向前伸臂包夹，犹如“双风贯耳”，目视两爪。（图 2–186）

图 2–185

图 2–186

三十三、饿虎观牛

1. 重心移于右腿，膝略屈，左脚内收半步，脚前掌点地，脚跟虚悬，成左虚步。同时，两爪收于腰际两侧，虎口向外，爪心向前，目视前方。（图 2–187）

图 2–187

2. 左虚步不变，臀部略下沉。同时，右爪上抬架臂亮爪于头额前上侧方，虎口向下，爪心向前斜上方，左爪向前方推出，高与鼻平，目视左爪。（图 2–188）

3. 左脚跟落地脚尖外展，左转体约 180 度，右腿屈膝向前提起，脚尖向前斜下方，右膝盖高与腹平。随转身，两臂交叉于胸前，至独立提膝定形之际，两爪向左右伸爪展臂，成一字平肩，挺腕竖爪，爪心向外，虎口向前，目视前方。（图 2–189）

图 2–188

图 2–189

三十四、猛虎旋风

1. 右脚向前落步，成右弓步。同时，上体前倾，左爪变掌弧形下落向前下切出，高与腹平，掌棱向前，掌尖向右，右爪变掌向右后侧斜伸臂，略高于肩，掌尖向上，掌心向后，目视左掌。（图 2–190）

图 2–190

2. 左转体，右脚尖内扣，左脚尖外展，成左弓步。同时，左掌随转身向前上方画弧前推掌，高与肩平，掌尖向上，掌棱向前，右掌斜拖臂于右后侧方，高与腰平，掌心向下，掌尖向后，目视左掌。（图 2–191）

3. 上体前俯并向左后上方拧转，两臂随身体向左平摆。同时，右腿向后方摆起，左脚蹬地，左腿相继向后上方摆起，使身体在空中平旋一周。（图 2–192 ~ 图 2–194）

图 2–191

图 2–192

图 2–193

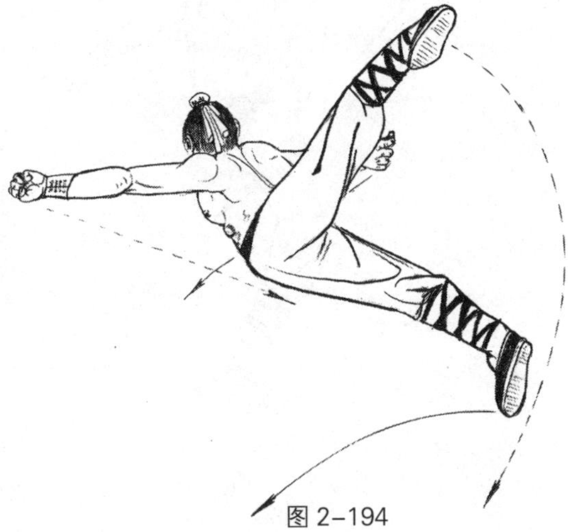

图 2–194

4. 右脚向前落地，上体继续左旋转，随之左脚落地，脚尖上翘，重心移于右腿，成左虚步。同时，两拳变掌向左右展臂，高与腰平，目视左脚。（图 2–195）

图 2–195

三十五、黑虎骑马

1. 左脚尖外展，左转体，右脚向左上方旋踢约 180 度，左掌向前迎击右脚内侧，左脚提跟踮脚，右掌斜伸于体后，目视右脚左掌。（图 2–196）

2. 身体继续左转 180 度，右脚落地，两腿屈膝半蹲，成马步。同时，左掌下伏，右掌左拨，目视前方。（图 2–197）

图 2–196

图 2–197

3. 马步不变，右爪下按，至裆前侧与左爪相并，目视双爪。（图 2-198）

4. 两爪向左右分开，迅疾向上、向前、向下画弧，沉臀俯身，两爪按于身前地面，鼻发“哼”音，目视双爪。（图 2-199）

图 2-198

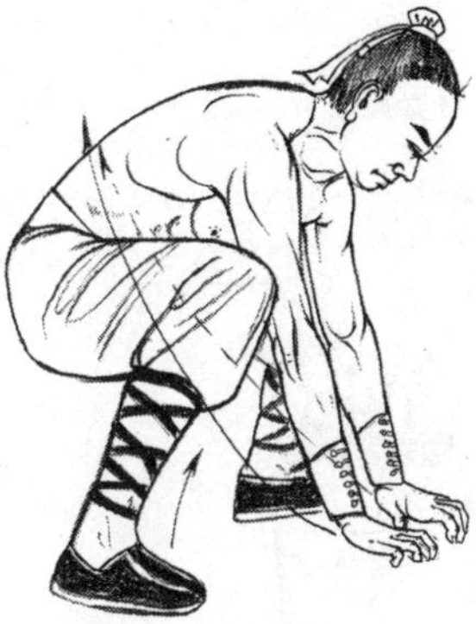

图 2-199

三十六、白虎归山

1. 起身，右转体，右脚向后方撤退一步，重心移于右腿，屈膝半蹲，左脚前掌虚点地面，成左虚步。同时，右爪变拳收抱于右腰间，左爪变掌收贴于右拳面，目视左前方。（图 2-200）

图 2-200

2. 左虚步不变，右拳左掌向前推出，高与颌平，目视前方。（图 2–201）

3. 左脚向左后侧退一步，成开裆步直立，两手变爪，伸臂按爪于体外侧，目视前方。（图 2–202）

4. 右脚向左脚内侧收拢，并步正身直立，两爪成掌垂于体侧，全身放松，调匀呼吸。本拳收势。（图 2–203）

图 2–201

图 2–202

图 2–203

第三章　虎拳绝杀十八式

绝杀十八式，乃南派虎拳打法精髓，堪称虎拳技击绝招，其中既有主动进攻之猛打法，抢机急进，猛然突入，直奔要害，重拳重腿，一击必杀，又有后发制人之反击法，拦截格挡，先破来招，乘机出招，顺势强击，重创敌方。

本章首次披露师承秘技，谨供同道参考，学者勤而习之，自有防身大用。

一、猛虎掏心

1. 敌我对峙而立。（图 3–1，左为我方）

图 3–1

2.敌滑步进身，右拳击打我方面部。我立即上进左脚一步，体上升，右脚后提，前拥身，同时，左手向前上划摆爪格敌右小臂内侧，推开其右拳攻击。（图3–2）

图3–2

3. 动作不停，右脚向敌裆前落步，左脚在右脚着地后，随即向左下方跟步跪地，同时，右爪向前上弧形掏击敌心窝。（图3–3）

4. 随之，右弓步，左虎爪猛力前推砸敌心窝，重创敌方。（图3–4）

【要点】

此招连防带攻。两爪掏心须连贯而迅速，一触即发，劲猛力沉。

图3–3

图3–4

二、黑虎闪步

1. 敌我对峙而立。（图 3–5）

图 3–5

2. 敌右脚前移步，左腿踢击我腹部。我迅速提左脚向左侧方跨步闪身，避开其左腿踢击，并以右爪下划于右侧，以做防腿截拦。（图 3–6）

图 3–6

3. 我提起右脚向敌裆前进步，屈蹲，同时，右爪直扑敌面。敌向后落左步、上仰身，右手格我右爪。（图 3–7）

4. 我立即上左步成高虚步，同时，右爪向左压敌右臂，左爪猛力推砸敌前胸。（图 3–8）

图 3–7

图 3–8

5. 动作不停，在左爪击中敌胸的同时，左脚随即向左侧摆跨一步，左转身右爪以掌根猛力震击敌前胸，将其打倒。（图 3–9）

图 3–9

【要点】

闪步不但可防敌腿，同时可防敌拳。一旦避开敌方攻击，应迅速发起反攻。此招用了两次左闪步，第一次为避敌腿，第二次则为攻击助力。虎拳技击本来就以刚猛著称，一旦连爪大力中敌要害，敌必重伤难治。连续两掌须顺势急进，一气呵成。

三、黑虎寻食

1. 敌我对峙而立。（图 3–10）

图 3–10

2. 敌右劈拳向我头面部击打而来。我立即上进右脚一步，左虎爪前伸并向左划，用左小臂格架敌右臂。（图 3–11）

图 3–11

3. 在架格敌臂的同时，移右脚左转身成马步桩，我右爪随转身之际猛力横贯敌左腮。敌退右步，上翻左小臂格住我右爪。（图 3–12）

图 3–12

4. 我方迅疾再滑步进身，右脚绊住其左脚跟，同时，翻右爪反臂向敌胸推砸，使其受重击而后仰倒地。（图 3–13）

图 3–13

【要点】

此招掏腮和抓胸均为攻击之势，动作连贯自然，惊上取下，力沉劲猛。

四、猛虎回头

1. 敌我对峙而立。（图 3–14）

图 3–14

2. 敌滑步进身，用左掌向我面门劈击而来。我迅疾退右步，上抬左爪向左格开敌左掌。（图 3–15）

图 3–15

3. 动作不停，我左臂在格住敌左臂的同时，反爪抓扣其腕，并向左后下带捋，同时，上右步，上体左旋，右爪左横贯扫，猛力抓击敌后脑，将其打倒。（图 3–16）

图 3–16

【要点】

此招与传统散手的“横贯捶”类似，在格敌臂的同时右拳摆勾即为“右贯捶”。本招应用时，左爪不论抓住敌腕与否，皆要进步右爪横贯。击打敌后脑时最好用掌根，以抖扫力一击制敌。

五、黑虎掏阴

1. 敌我对峙而立。（图 3–17）

图 3–17

2. 敌滑步进身，用右拳击打我方面部。我右脚立即进步，上抬右臂屈肘架格敌右小臂。（图 3–18）

图 3–18

3. 随即上翻左爪，反臂推抓敌右腕，同时，左脚向敌裆前进步，右爪向敌裆猛力掏击。（图 3–19）

图 3–19

4. 动作不停，上右步，同时，右肘猛力横击敌胸，将敌撞翻仰跌。（图 3–20）

【要点】

此招用法重点在掏阴上，敌阴被爪击中，可立即丧失抵抗力，如再加上拧扭敌阴，复上一肘，即使是铁铸金刚也必降服。招法要连贯自然，前后协调，力量爆发，一气呵成。

图 3–20

六、黑虎扭头

1. 敌我对峙而立。（图 3–21）

图 3–21

2. 敌左垫步进身，右蹬腿踢击我头部。我迅速右摆步偏身，右腿脚在右侧后方踏实，左脚跟抬起，前掌内侧着地，屈膝沉跪，两手右划避开对方右蹬腿攻击。（图 3–22）

图 3–22

3. 避开敌攻击瞬间，左脚即向敌左脚内侧进步，出双爪夹击敌头。敌右脚向后落步，并仰身避开我双爪攻击。（图 3–23）

图 3–23

4. 我迅速一个左纵跳步，同时双爪逆时针画弧，在两脚落蹲成马步扭头之际，两爪向左推打敌胸腹，并向左后用力推旋，将敌打翻于地。（图 3–24）

图 3–24

【要点】

此招重在马步扭头一击。在纵步时，即要起动双爪，形成一种惯性力，左爪打胸（或面部），右爪打腹（或裆）。整招协调连贯，起伏有序，步沉力稳，劲力雄健，一气呵成。

七、猛虎摆尾

1. 敌我对峙而立。（图 3–25）

图 3–25

2. 敌左垫步用右高踢腿蹬击我面部。我迅疾后退左脚半步，上体左转俯身，成半蹲按爪势避开敌腿的攻击。（图 3–26）

图 3–26

3. 在我避敌腿的同时，右转头，重心落于左腿支撑，提起右腿以脚跟为力点，右摆腿直击敌后背或腰部，将其踢倒。（图 3–27）

图 3–27

【要点】

此招左转体下俯身躲敌腿，是为右摆腿创造条件，一旦避开敌攻击的同时即起腿摆击。

虎摆尾腿分左右两势，在此招应用过程中，如觉右摆腿不能致敌于死地时，可快速加上一记左摆腿，右腿击敌后背，左腿击敌前胸。并可左右连续，发出数腿，直至敌被制服为止。

八、黑虎拧身

1. 敌我对峙而立。（图 3–28）

图 3–28

2. 敌右脚前移，左脚跨进一步，左拳击我面部。我速右摆步，上扬左爪向左划格敌左臂外侧，将其攻击手推开。（图 3–29）

图 3–29

3. 我前移左步，右爪上穿抬架敌左臂，同时，左爪下穿掏抓敌左肋。（图 3–30）

图 3–30

4. 随即，左旋身起右腿，以脚跟猛力踹击敌左腋后及背部，将其踢翻。（图 3–31）

【要点】

此招发腿必须借助于旋转拧劲，即使出腿击不中敌腋窝，踹中其肋也可制敌。

格敌攻击臂时要尽量将其推转身，使其背部斜对着我方为最佳。如果敌用右拳攻击，我可右拧身左脚出击。运用中应灵活自如，见机而行。

图 3–31

九、猛虎撩尾

1. 敌我对峙而立。（图 3–32）

图 3–32

2. 敌左垫步进身，右腿蹬踢我头左侧。我迅速右转体向右移步屈膝蹲立，并俯身避其右腿攻击。（图 3–33）

图 3–32

3. 在避开敌腿的同时，身体重心落于右腿独立支撑，迅速提起左腿左旋身后撩踢敌裆或腹部，将其踢倒。（图 3–34）

图 3–34

【要点】

虎撩尾即是后撩腿，后撩腿一般都要借助转体俯身之势，方能使起腿更加有力，力点以脚跟为主，攻击目标以敌裆、腹为主。

此招运用时，应见机而行，左腿连击，先撩敌裆，当敌负痛俯身时，我方左脚落地后弹力进行第二次撩踢，这样制敌的效果更佳。

十、猛虎点尾

1. 敌我对峙而立。（图 3–35）

图 3–35

2. 敌左垫步进身，右弹腿踢击我胸部。我右步迅疾后撤，仰上体，双爪合拢向下阻截敌右脚背。（图 3–36）

3. 在仰身避开敌腿的同时，右脚借势蹬击敌前胸。（图 3–37）

图 3–36

图 3–37

4. 敌受击后仰，我右脚迅疾下落，提起左脚正蹬敌小腹，以两次重击而使敌倒地。（图 3–38）

图 3–38

【要点】

点尾腿也称“穿心腿”，这种腿法具有相当大的杀伤力，起腿如同从怀中穿射一般，很难防范。

本招第一腿用好即可制服敌人，再加一腿，敌必在劫难逃，整招应迅速连贯，协调自然。

十一、猛虎分翼

1. 敌我对峙而立。（图 3–39）

图 3–39

2. 敌左垫步进身，用右腿蹬踢我头部。我迅疾右摆步屈蹲，左脚右收，以脚尖点地，右俯身避开敌右腿攻击。（图 3–40）

图 3–40

3. 在避开敌腿的同时，前移右步，提起左脚向右横扫敌左腿弯后侧，使敌俯身前仆。（图 3–41）

图 3–41

4. 动作不停，我迅疾回踢左腿，后撩击敌胸，将其踢倒。（图 3–42）

【要点】

此招是一种回旋式的踢法，一旦我横扫踢落空，敌下潜避腿，即可使用此招连环攻击。

本招在运用时，应把握好时机，必要时可左右腿连环应用，交替踢击，毫不给敌喘息之机。

图 3–42

十二、黑虎扑面

1. 敌我对峙而立。（图 3–43）

图 3–43

2. 我主动攻击，右脚上步进身，同时，右虎爪向敌面部抓击。敌右摆步屈蹲，用双臂拦格我右臂内侧，使我攻击失效。（图 3-44）

图 3-4

3. 我迅疾起左虎爪上翻，向敌劈落。（图 3-45）

图 3-45

4. 在敌突受重击而后仰的同时，我左旋身，右爪从上向下劈击敌咽喉，以两次重击使其倒地。（图 3–46）

【要点】

此招为三爪连续攻击。运用时，第一抓不论击中与否，第二、三爪也得紧随而上。快速有力，动作协调，主动攻击，一气呵成。

图 3–46

十三、黑虎调头

1. 敌我对峙而立。（图 3–47）

图 3–47

2. 敌滑步进身，用右拳向我头面劈击而来。我右脚立即上步，重心左移，两腿下蹲，双脚左外碾约 45 度成“调头藏虎势”躲过敌拳。与此同时，右手乘转体之势反撩掏爪抓击敌裆。（图 3–48）

图 3–48

3. 动作不停，掏击敌裆后，迅速起身插左步，右爪绕弧一周上撩敌咽喉或面门。（图 3–49）

图 3–49

4. 连击不停，左旋身，左臂屈肘捣击敌胸，将敌制伏。（图 3–50）

图 3–50

【要点】

此招为防中寓攻，调头撩爪可攻上也可攻下，一般情况下攻击下盘比较稳当。因攻上时，敌双手易防而使我方受阻；敌攻我上时，其下盘必空虚，掏裆一势即可制敌。若紧加两势，特别是回身一肘，很容易将敌胸骨重创。整招快速连贯，自然协调。

十四、猛虎抬头

1. 敌我对峙而立。（图 3–51）

图 3–51

2. 敌左垫步进身，用右弹腿踢击我方小腹部。我迅疾退右脚一步成左弓步，同时下伸左爪，用左爪背向外格敌右踝内侧，将其攻击腿化开。（图 3–52）

图 3–52

3. 动作不停，我随即右脚上进一步，踏入敌方洪门，同时，左爪上抬虚晃，右爪猛力推击敌下巴或咽喉。（图 3–53）

图 3–53

4. 紧接着，我方起右腿踹击敌腹，将其重创。（图 3–54）

图 3–54

【要点】

猛虎抬头一招，架拳推抓，防敌出拳，也可用于主动攻击，先惊其下而攻其上，随之踹腿。三招连贯迅速，一气而发，不给敌以丝毫喘息之机。

十五、饿虎观阵

1. 敌我对峙而立。（图 3–55）

图 3–55

2. 敌前滑步进身，右拳直击我面部。我与之同时行动，上右脚成右仆步，右掌下砍敌右小腿胫外侧。（图 3–56）

图 3–56

3. 接着，上体起立，左腿蹬伸成右弓步，同时，右爪向上用掌根推击敌下颚。（图 3–57）

图 3–57

4. 动作不停，敌下颌被托击而后仰身之际，我左脚上前一步，重心坐于右腿成左虚步。与此同时，右爪上托，左爪前推敌心窝，抖劲发力，将敌击倒。（图 3–58）

图 3–58

【要点】

拧腰、摆肩、砍掌快速有力，使敌腿受击而乱阵脚，上推爪与左推爪连环迅猛。

上推敌颌一动用好了即可使敌丧力丧势。为了将敌彻底击溃，应迅速补上一爪击敌心窝。

十六、猛虎撩爪

1. 敌我对峙而立。（图 3–59）

图 3–59

2. 敌左垫步进身，起右腿横踢我腰部左侧。我右脚迅速后撤一步成马步桩，下挂左爪格住敌右腿攻击。（图 3–60）

图 3–60

3. 接着，右垫步，左脚跨入敌裆下，双爪上翻，猛力推撩敌前胸，将其打得仰身欲坠。（图 3–61）

图 3–61

4. 动作不停，我重心落于左腿，提起右腿左倾身，同时，提起双爪，左爪猛力劈击敌面部或咽喉，将敌打倒于地。（图 3–62）

图 3–62

【要点】

防敌腿要恰到好处，随之上步要轻快而稳固；推撩爪凶狠有力，并发出抖弹劲；提膝收腹，劈掌快速有力。动作连贯，协调自然，一气呵成。

十七、猛虎搜山

1. 敌我对峙而立。（图 3–63）

图 3–63

2. 我发起主动进攻，前滑步进身，同时左爪前掏敌喉。敌上翻右臂，将我左爪格开。（图 3-64）

图 3-64

3. 我立即跳步进身，左脚进入敌裆，同时，左手内收下划，反爪抓击敌裆部。（图 3-65）

图 3-65

4. 我迅速左转体，右爪打击敌肚脐，左爪击其咽喉，将敌重创。（图3–66）

图 3–66

【要点】

主攻的招术，都要把几个攻击动作一气呵成。出招时，拧腰、摆肩、摆胯、提气、收腹、顺体，摆臂迅速，反撩爪有力，击打目标要准，处处击敌要害。

十八、猛虎蹬山

1. 敌我对峙而立。（图 3–67）

图 3–67

2. 敌左垫步进身，右弹腿踢击我腹部。我立即后移右步，起身成高左虚步，同时，右爪向下劈击敌右脚背。（图 3–68）

图 3–68

3. 右爪劈击使敌受创的同时，猛起右脚蹬踢敌裆或腹部，将其打伤跌出。（图 3–69）

图 3–69

【要点】

防敌腿时，提气、收腹、拧腰、摆肩，劈爪要迅猛有力。蹬脚踢敌乘机跟进。必要时，可以连续发出数腿，将敌制伏为止。

第四章　虎拳大擒拿十八式

虎拳大擒拿，虎拳多用之技，独特高妙。其以大力虎爪为基，佐以踢、打、摔、扑等法，沾身近攻，刚猛多变，轻可致敌筋节扭曲，疼痛失力，重可致敌骨折肢残，当场伤瘫。

本章专门介绍虎拳大擒拿绝技，共十八式。其中既有抢机急进之招，又有后发制人之招，且有攻防兼具之招，皆为南派秘招，招招擒敌，令敌束手。

一、白虎洗脸

1. 敌我对峙。（图 4–1，左为我方）

图 4–1

2. 敌右垫步进身，左拳向我面部冲来。我右脚稍后移，上身略向后一偏，扬起双爪推住敌左腕臂内侧。（图 4–2）

图 4–2

3. 动作不停，我迅速进身，上右脚一步于敌左脚后侧，右臂顺势向前将敌左臂挟于腋下。（图 4–3）

4. 左爪迅速向前扑按敌面部，同时，右脚向右侧后方摆跨一步，旋身转体，上下用力，将敌按仰跌地。右爪顺势擒住敌左腕不放，左爪按其头面，将其牢牢控制。（图 4–4、图 4–5）

图 4–3

图 4–4

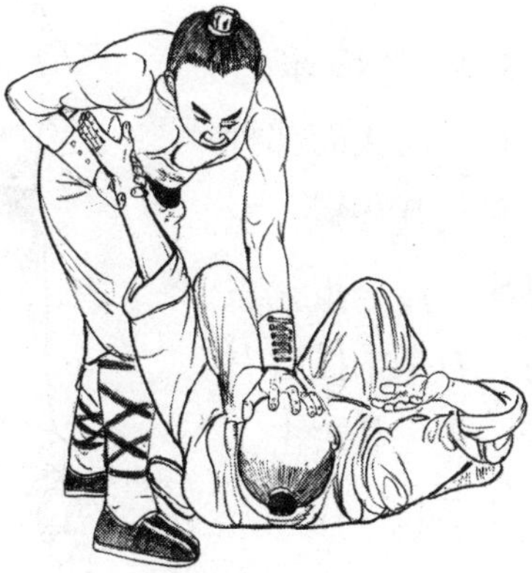

图 4–5

【要点】

将敌左臂挟于右腋下是本招的主要技法，按爪击面是后继动作，左掌要按住敌面部，不是击打，可用掌根托按其下颌，可用掌心搓按其鼻，也可用食中二指抠按其目。

二、猛虎扒沙

1. 敌我对峙。（图 4–6）

图 4–6

2. 敌左垫步进身，右拳向我面部打来。我见其势猛，左脚迅疾后撤一步，左旋身，右爪拍抓敌右腕臂，化去其攻击。（图 4–7）

图 4–7

3. 动作不停，右爪旋指抓住敌右拳背，向右侧下旋拉，同时，左脚向敌右侧后方上步，落脚于敌臀部下方，左爪前伸按向敌面部。（图 4–8、图 4–9）

4. 左掌按住敌面部，迅速左转身，右爪助力推按住敌下巴及面部，右脚向前绕步，将敌旋翻于地。右爪顺势可用食中二指抠敌双眼并牢牢按住敌头部将其压制于地。（图 4–10、图 4–11）

图 4–8

图 4–9

【要点】

接抓敌攻击拳要及时，抓住就要旋拉，同时配合左掌扑击敌面部。整个技法过程均以螺旋运动为主，上步、转步要灵活，两爪变劲要快速。

图 4–10

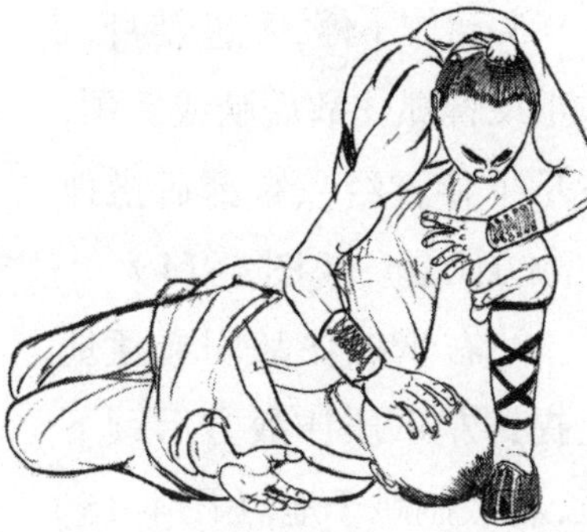

图 4–11

三、黑虎闪转

1. 敌我对峙。（图 4–12）

图 4–12

2. 敌滑步进身，用左直拳击打我头部。我迅疾沉身，右脚向右侧方闪步，进身于敌左侧身后，避过其拳的攻击。（图 4–13）

3. 动作不停，我左转身，左爪反臂抓住敌后脑或后颈，右爪下伸，经敌臀部后捞抓住敌方阴囊。（图 4–14）

4. 右爪抓住敌阴囊猛地上提，左爪压住敌方后颈下压，将敌制趴于地。（图 4–15）

图 4–13

图 4–14

图 4–15

【要点】

闪身避敌要灵活，身法起伏得当。一旦避过敌方锋芒，就要立即采取反击措施，抓裆要牢，旋压要有螺旋劲。

四、白虎戏尾

1. 敌我对峙。（图 4–16）

图 4–16

2. 敌右脚前移步，左脚上进步，右拳向我头部击来。我向右偏身闪躲，同时，左爪上拦格住敌右腕内侧。（图 4–17）

图 4–17

3. 左爪顺势扣指抓住敌右腕，右脚向敌右侧上步，左转身，低头钻过敌右腋下。（图 4–18）

4. 右手向上与左手合握住敌右手腕，左脚向后撤步，双手拽着敌右腕向下，反其臂牵拉至敌右臀侧后下方。（图 4–19）

图 4–18

图 4–19

5. 动作不停，双手随之上提，将敌方右臂反拧并高高举起，轻可制敌难动，重可致敌臂脱臼。（图 4–20）

【要点】

1. 抓腕转身要贴着敌方的腋肋部，以防敌方另一手攻击。

2. 一旦转过身去，上提敌臂要迅速。

图 4–20

五、猛虎断喉

1. 敌我对峙。（图 4–21）

图 4–21

2. 敌右脚前移步，左脚上步进身，右拳击打我面部。我迅速上扬左爪，向外反格于敌右小臂内侧。（图 4–22）

图 4–22

3. 左爪顺势旋腕扣指，抓住敌右腕臂下按，右脚上步于敌方左脚内侧，同时，右爪伸臂抓向敌方咽喉。（图 4–23）

图 4–23

4. 右爪锁指紧扣敌喉，并向左推旋压，擒拿制敌。（图 4–24）

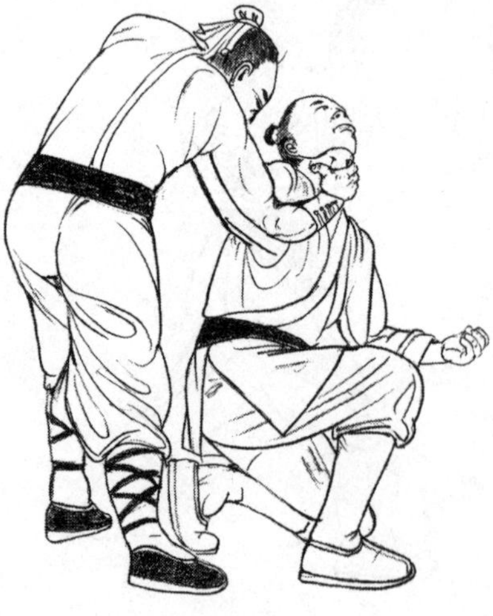

图 4–24

【要点】

1. 锁喉手不要一下将敌前颈全部卡住，应该扣住敌气管，或者卡锁一侧为好，这样即使敌方颈粗脖壮，也会被阻住气管而窒息。

2. 锁住敌喉之际，宜用推搡之劲，并向左下旋压，更易使敌重心失衡。

六、猛虎推磨

1. 敌我对峙。（图 4–25）

图 4–25

2. 敌右脚前移步，左脚上步进身，左拳直击我面部。我略后仰身避其锋芒，同时，用左爪拦抓敌左腕外侧。（图 4–26）

图 4–26

3. 右爪顺势擒抓敌左肘，右脚向敌左腿内侧上步，上身略左转。（图 4–27）

4. 右脚落步，左转体，左爪抓敌左腕向左后侧拽拉，同时，右臂屈肘撞击敌左大臂外侧或肩腋后侧部。（图 4–28）

图 4–27

图 4–28

5. 向里下压右肘，将敌方按伏于地而擒拿。（图 4–29）

【要点】

1. 此招的成功点在别住敌腿，加上旋转之动力，使敌方重心失衡而前扑。

2. 右肘撞打力量要重，一撞之下，即将身体的整个重量压在敌臂上进行旋转。

图 4–29

七、虎戏杨柳

1. 敌我对峙。（图 4–30）

图 4–30

2. 敌左垫步进身，右拳向我头顶砸下。我双爪上抬托住敌右拳、腕。（图 4–31）

图 4–31

3. 双爪随即向左外侧旋拧。（图 4–32）

图 4–32

4. 将敌手臂举过我方头顶，同时，两脚上步，左旋转体进于敌身后，继将其右臂旋转扭折于后背而擒拿。（图 4–33）

图 4–33

【要点】

1. 将敌手臂上举的目的是使敌臂放长后而无蓄力，易于被我方旋拧而更得机得势。

2. 武术谚语中有“屈蓄而有力”之说，让敌手臂伸长，就是不让他“屈蓄而有力”。

八、猛虎抱柱

1. 敌我对峙。（图 4–34）

图 4–34

2. 敌左脚上步进身，用右腿横踢我头部。我上体略左侧，左臂兜向敌右小腿，右手推按住其右小腿前胫部。（图 4–35）

图 4–35

3. 左掌按压敌右腿膝关节外侧，右臂屈肘压住敌右膝盖，将其右腿控制牢固。（图 4–36）

4. 随后，我右脚上步，绊住敌方左脚跟部。（图 4–37）

5. 身体向左拧转，使敌失去重心，跌倒在地。（图 4–38）

图 4–36

图 4–37

【要点】

1. 此势暗含胯打之意，接腿上步要迅速连贯，绊脚要恰到好处。

2. 前推与旋转要相辅相成，绊锁敌支撑脚非常重要。

图 4–38

九、黑虎巡山

1. 敌我对峙。（图 4–39）

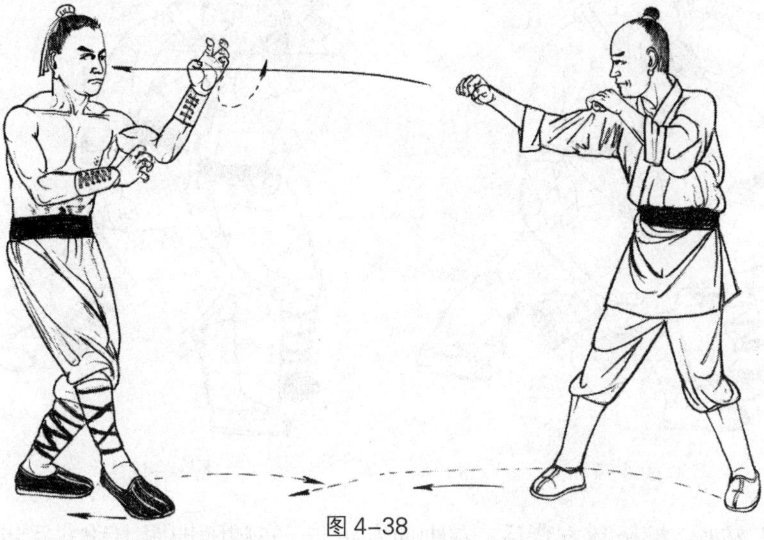

图 4–38

2. 敌右脚前移步，左脚上步进身，用右拳击打我面部。我左爪上划，拦格敌右腕内侧，并向外化劲。（图 4–40）

图 4–39

3. 我迅速下蹲，右脚上步，钻过敌方右腋下。（图 4–41、图 4–42）

图 4–41

图 4–42

4. 转身，挪至敌方背后，左脚向左跨步，右腿随即跟上敌方后步。（图 4–43、图 4–44）

图 4–43

图 4–44

5. 动作不停，身体下蹲，双手下伸抱住敌方两膝，同时，右肩抵住敌方的臀部后侧。（图 4–45）

图 4–45

6. 猛一发力，双手抱住敌方双腿上提，使其向前扑倒在地。（图 4–46）

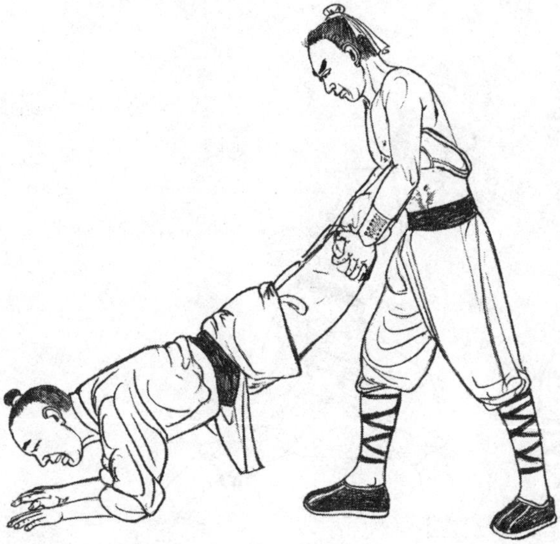

图 4–46

【要点】

1. 此势为不以力敌而闪避之，乘敌扑空而制之。

2. 下闪后的游转步法要灵活而快速，必须在敌方出拳后未及换势就要转到其身后。抱腿、肩抵，要一气呵成。将敌摔倒之后，可再用脚踩击敌方要害，以彻底制服。

十、白虎旋风

1. 敌我对峙。（图 4–47）

图 4–47

2. 敌右脚前移步，左脚跨步上前，右拳横打我头部。我左脚上步相迎，左爪及小臂前伸反拦敌右肘弯内侧。（图 4–48）

图 4–48

3. 随之，我右脚上步，抄向敌右腿弯处，同时，左爪横拦敌后腰，右爪抓住敌左肩部向左下旋压。(图4-49)

4. 合力将敌旋压在地，牢牢控制住。（图 4-50）

图 4-49

图 4-50

【要点】

1. 防守与进身动作连贯，此招攻防兼备，上步即要将右胸侧贴住敌方前胸。

2. 右脚绊锁牢固，右爪旋压时，右前臂可贴住敌方前胸以助力。

十一、恶虎牵羊

1. 敌我对峙。（图 4–51）

图 4–51

图 4–52

2. 敌左垫步进身，右直拳击打我面部。我左脚迅疾上步相迎，右偏身，双爪上抬，格于敌右臂外侧。（图 4–52）

3. 动作不停，我双爪顺着敌拳的力量向前下带。（图 4–53）

4. 一抖劲发力下拽，将敌向前牵仆于地。（图 4–54）

5. 我松开敌手，右臂屈肘下砸敌后背脊柱。（图 4–55）

图 4–53

图 4–54

【要点】

1. 闪避后牵带敌手时，要顺敌之势，借敌之力。

2. 只要敌过我身侧而露出后背，我即可发肘攻击，也可砸敌后脑。

图 4–55

十二、猛虎蹬山

1. 敌我对峙。（图 4–56）

图 4–56

2. 敌左垫步进身，右拳击打向我面部。我迅疾略右偏身，右爪横抡，用爪棱横砍敌右腕内侧。（图 4–57）

图 4–57

3. 不等敌收右拳，我左爪上划，擒扣住敌右腕向其右后侧推，左脚向左外侧摆步，同时，右爪顺着敌右臂翻掌拍按敌后脑，右脚猛踢敌右小腿前胫，上下合力，将敌掀翻于地。（图3–58 ~图4–60）

图4–58

图4–59

图4–60

4. 敌跌地后，我左手擒住敌右腕仍不松脱，与右手合力扭住敌右腕，折压于其背后，同时，右脚跨过其颈，用小腿及膝弯控制其头颈，彻底将敌控制住。（图 4–61）

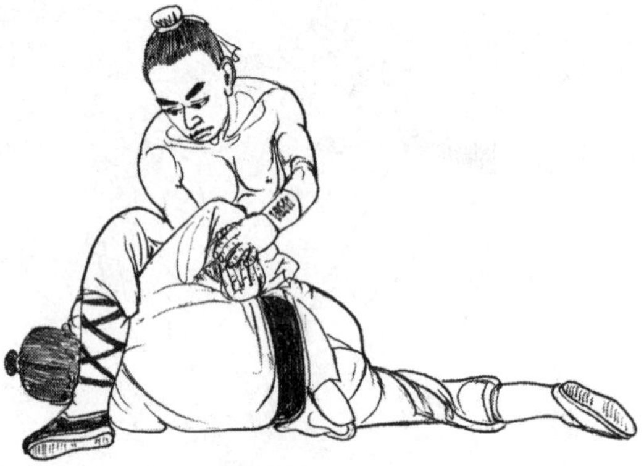

图 4–61

【要点】

1. 右掌反拍按压敌后脑，加上下踢脚，很容易击倒击伤敌方。敌跌地时，其右腕仍受控，极易扭伤腕关节。

2. 整招迅速连贯，一气呵成；踢打擒拿，几动合一。

十三、黑虎掏腮

1. 敌我对峙。（图 4–62）

图 4–62

2. 敌右脚前移步，左脚跨步进身，左拳直击我面部。我见来势凶猛，迅疾换跳步，右转体偏身，避过其锋芒。（图 4–63）

3. 随即左转身，左爪反背拍击向敌面部右侧。（图 4–64）

图 4–63

图 4–64

4. 借敌仰面避躲之机，我左臂顺势缠抱住敌左臂，右脚上步于敌臀后，右爪经敌头面下伸，五指抠住敌下巴，掌心按住其面部。（图 4–65）

图 4–65

5. 右爪抠住敌下巴，右旋身，致敌后倒而擒制。（图 4–66）

图 4–66

【要点】

1. 我在转身避敌拳后的拍掌动作只是一个虚招，目的是为我左臂缠抱左敌臂制造战机。

2. 右爪的用法可灵活多变，可抠腮，也可勾敌鼻孔，或抠敌双目，一旦上手，敌万难逃脱。

十四、饿虎擒羊

1. 敌我对峙。（图 4–67）

图 4–67

2. 敌右脚前移步，左脚跨步进身，左拳击打我面部。我迅疾右闪身，随即左爪上挑反格于敌左腕外侧。（图 4–68）

图 4–68

3. 我左爪一触敌左腕即外旋腕扣指，抓扣住敌左手掌旋拧，使其左臂反扭。（图 4–69）

图 4–69

4. 右脚上步，同时，左爪拧住敌左掌继续向其身后反折。（图 4–70）

5. 右脚向敌身后落步之际，左脚向右脚后侧插步，左转身于敌身后，同时，右臂向前环抱敌颈。（图 4–71、图 4–72）

图 4–70

图 4–71

图 4–72

6. 继续左转身，将敌缠抱压倒于地，并用左爪紧紧扣压住敌面部，将其牢牢控制。（图 4–73、图 4–74）

【要点】

1. 扣拿敌左掌要准而牢，一拿即拧，一拧即扭；上步绕至敌身后，顺势扭臂。敌背对于我时，环臂抱颈就举手可得了。

2. 敌一跌地，既可将其擒拿控制，也可出爪攻击，抠敌眼睛或咽喉等，致敌死地。

图 4–73

图 4–74

十五、恶虎拦路

1. 敌我对峙。（图 4–75）

图 4–75

2. 敌右脚前移步，左脚跨步进身，左拳击打我面部。我迅疾左脚向后撤步，右爪上提格于敌左腕内侧。（图 4–76）

3. 动作不停，左腿提膝向敌左腿后侧上进一步，别于敌左大腿后侧，同时，右爪抓敌左手，左爪前伸，以小臂为力点压住敌颈部，并向右旋压。（图 4–77、图 4–78）

图 4–76

图 4–77

图 4–78

4. 右爪抓住敌左手向后旋拉，同时，左臂环抱住敌颈，将敌旋摔于地。（图 4–79）

【要点】

1. 格臂、上步、擒抓、前穿臂旋压，为连贯性招法，不可停顿。

2. 右手抓敌要牢，旋压抱颈要及时，整招一气呵成。

图 4–79

十六、虎搏雄狮

1. 敌我对峙。（4–80）

图 4–80

2. 我左脚前上步，右鞭腿踢击敌左肋。敌右偏身，用左手挂住我右小腿前胫部。(图4–81)

图 4–81

3. 敌右脚上步，右臂兜住我右小腿，双手抱住欲摔我。(图 4–82)

4. 我左脚猛地跳到敌方右脚前，同时，右腿用力前蹬，使身体贴近敌方，因此我重心前移而稳定不倒。(图 4–83)

5. 我在贴近敌之际，双爪迅疾前伸，抱住敌头部，左爪从后抱住敌脸部左侧，右爪托抱住敌下巴。(图 4–84)

图 4–82

图 4-83

图 4-84

6. 我上体向左侧旋转，双爪用力扭拧敌头颈，致使敌向后倒地。我双爪抱住敌头颈不放，右腿可顺势跪在敌的腹部，将敌牢牢压制。（图 4-85）

图 4-85

【要点】

被敌抱住腿脚时，不能后收，而要迅速贴身进步，这样不但能稳定自己的平衡，不被敌摔倒，而且可为下一步反击制造机会。

十七、白虎卷尾

1. 敌我对峙。（图 4–86）

图 4–86

2. 敌左垫步进身，右拳击打我面部。我迅疾右偏身，右掌横格砍击敌右腕内侧。（图 4–87）

图 4–87

3. 我左右脚换步，左爪上扬扣抓住敌右腕并向下拉，上体左转，右臂上提兜住敌右肘臂。（图 4–88）

4. 我右臂继续上抬，并向敌右后运动，同时，身体前俯，左爪使劲反拧其腕，使敌身体前倾，手臂后拧。（图 4–89）

图 4–88

图 4–89

5. 我左爪继续反拧并前推其右腕，右臂外旋屈肘，将敌大臂反卷于我体侧右下方，敌方必剧痛前俯而失力丧势。（图 4–90）

【要点】

格拳抓腕，变化灵活，出手迅速。兜臂缠卷要及时，用螺旋之劲力，一气呵成地将敌臂缠压而控制。

图 4–90

十八、猛虎抱狼

1. 敌我对峙。（图 4–91）

图 4–91

2. 敌左垫步进身，出右拳打向我面部。我左脚迅疾上步相迎，同时，两爪向前推格敌攻来的右小臂外侧，化解敌拳。（图 4–92）

图 4–92

3. 接着，左爪向右压住敌右臂，向我右下方推压，同时，前伸右爪，顺敌右臂外侧前伸于敌后颈部。（图 4–93）

图 4–93

4. 动作不停，右爪捞抓敌后颈或后脑，反圈臂向我右侧拖带，同时，右腿提膝顶击敌小腹。（图 4–94）

【要点】

1. 此招为借势发力，顺敌之势而制之。

2. 必要时，右圈臂可绕喉向下、向左缠抱敌前颈，以大力挟扭而使其窒息。

图 4–94

第五章　虎拳抓打法阐秘

虎拳抓打法，是虎拳惯用之技，也是虎拳独特之技。

抓打法模仿猛虎猎捕之形，运用虎爪先行抓控，乘机攻击敌难逃，并可形成合力（抓拉力与打击力），对敌杀伤尤甚，用好了一招制敌。

本章抓打法属“黑虎门”秘技，选其精招，加以解析，望读者珍视。

一、抓发砸耳爪

1. 敌我对峙而立。我方双手虎爪，如虎捕食，一触即发。（图 5–1，左为我方）

图 5–1

2. 速出左爪，捕抓敌头发，并向正下拉扯，迫使其低头。（图 5–2）

3. 紧接用右爪猛劲砸打敌左耳。（图 5–3）

图 5–2

图 5–3

【要点】

1. 敌我对峙，先立门户，极利攻防，攻可顺势出招，防易封闭截拦。

2. 爪抓是抓打法必备先手。逮住敌方，不让敌跑掉，并要起到控制作用，所以要抓准抓牢，此乃抓打法第一要点。

3. 单纯抓敌还不够，抓住后还要通过拉拽、缠拧等技，创造更为有利的攻击战机，此乃抓打法第二要点。

4. 一有机会，就要立即打击，不得迟疑。抓控后对敌的彻底解决，是抓打法第三要点，也是最核心要点，技击终极目的也在于此。

5. 本招是抓打第一例，先行抓发，继用砸爪侧击敌耳门。砸爪有力，轻则致敌耳门剧痛，重者致人耳聋。

二、抓发砸脖爪

速出左爪，捕抓敌头发，并向正下拉扯。紧接用右爪猛劲砸打敌左颈。（图 5–4）

图 5–4

【要点】

1. 颈部非常脆弱，难以承受猛烈砸劲，一击之下常能使敌当场昏迷。

2. 此招有两种用法：一是砸击敌侧颈，一是砸击敌后颈。侧颈易于捕捉；若要砸击敌之后颈，则要加大拉发的力度和幅度。

3. 此招除打击部位不同外，其运用要点与上招相同。在实战时不必多拘，见机即进，出爪即抓，一抓即打，不论耳门还是脖子，快速中的，才是目的。

三、抓发甩脸爪

速出左爪，捕抓敌头发，并向下拉扯。紧接用右爪猛劲甩打敌面门。（图 5–5）

图 5–5

【要点】

1. 捕抓发要准确，控制位要适宜。

2. 甩爪用手背伤人，富具弹性，出击便利，速度快捷，打击时要对准敌鼻梁。鼻骨脆弱，触之即疼，打则流血，重则断折。

四、抓发掏脸拳

我速出左爪，捕抓敌头发，并向正下拉扯，迫使其低头。紧接用右拳猛劲掏打敌面门。（图 5-6）

【要点】

1. 此招是抓打的拳击法。先行抓发，再掏面门。

2. 抓控要快要准，出拳要快要狠。

图 5-6

五、抓发贯耳拳

速出左爪，捕抓敌头发，并向下拉扯。紧接用右拳猛劲贯打敌左耳。（图 5-7）

【要点】

1. 贯拳从外向里弧形发劲，力量极为整重，杀伤极为猛烈，是强攻的有力武器。此招在抓控的基础上使用，更具威胁性。

2. 此招很易得手。一般向下抓发，敌受力低头，此时我用贯拳从旁侧击，有打必中。

图 5-7

六、抓发拐耳肘

速出左爪，捕抓敌头发。紧接用右肘猛劲拐打敌左耳。（图 5-8）

【要点】

1. 此招是抓打的肘击法。攻击敌头部侧翼，如耳根、耳门、下巴，短促杀伤。

2. 肘击属武术短打，要配合身桩，贴近敌身，提高肘位，方易中的。

图 5-8

七、抓发落背肘

速出左爪，捕抓敌头发，并向正下拉扯，迫使其弯腰低头。紧接用右肘猛劲向下砸打敌后背。（图 5-9）

图 5-9

【要点】

1. 此招也是抓打的肘击法，与上一招击打部位不同。此招落肘砸敌后背，所以抓拉的幅度要大，迫其头部极度前低，背部漏出。

2. 为了更易击中目标，除加大爪拉力度和幅度外，还可配合右腿进步。发肘时，桩身下沉，肘尖向下，凌厉一击。

八、抓发顶脸膝

速出双爪，捕抓敌头发，并向正下拉扯，迫使其低头。紧接用右膝猛劲顶击敌面门。（图 5–10）

图 5–10

【要点】

1. 此招是抓打的膝击法。为了增强抓拉力度和维持顶膝发劲时的自身稳定，宜使用双爪。

2. 顶膝撞击力极强，而在双爪下拉时顶击，敌面门怎能承受上下之对向合力，此招何其厉害！

3. 当单一的击力打上敌身时，易受到敌身的抗力和位动的卸力；而使用对向合力，敌在被拉的过程中减弱了自控和抗力，且不易动位卸力，敌在受拉力时再遭到对向击力，增加的反作用力等于增强了伤害度。

九、抓发推颔爪

速出左爪，捕抓敌头发，并向侧下拉扯，迫使其头脸仰起。紧接用右爪猛劲推打敌下颔。（图 5–11）

图 5–11

【要点】

1. 此招主在伤敌下颔，而且又易致敌仰倒。

2. 推爪时，爪根向上发力。

十、抓发捅喉爪

速出左爪，捕抓敌头发，并向侧下拉扯，迫使其头脸仰起。紧接用右爪猛劲捅打敌咽喉。（图 5–12）

图 5–12

【要点】

1. 此招是抓发爪与捅喉爪的混合法。捕抓后应迅疾拉扯，以露其咽，后爪快速跟进，捅击伤之。

2. 捅爪用虎爪四指（食指、中指、无名指、小指）的中节骨棱向前冲击，攻击距离最大，能放长击远，且爪形扁平，易于突入。

十一、抓发砸喉爪

速出左爪，捕抓敌头发，并向侧下拉扯，迫使其头脸仰起。紧接用右爪猛劲砸打敌咽喉。（图 5–13）

图 5–13

【要点】

1. 砸爪力量猛烈，但易向下发劲，所以此招要加大左爪的抓控力量和下拉幅度。敌头部不上仰、咽喉展不开，砸爪就进不去、砸不上，产生不了杀伤力。

2. 抓爪拉发，砸爪乘机急进。

十二、抓发砸鼻爪

速出左爪，捕抓敌头发，并向侧下拉扯，迫使其头脸仰起。紧接用右爪猛劲砸打敌鼻子。（图 5–14）

【要点】

1. 此招运用抓爪和砸爪，专门重创敌鼻。鼻子异常脆弱，不堪一击，所以攻击此位，常能出奇制胜。

2. 左爪助攻要手法到位，造机准确。右爪的砸击要及时跟进，并找准目标。

图 5–14

十三、抓发点眼爪

速出左爪，捕抓敌头发，并向侧下拉扯。紧接用右爪猛劲点打敌眼睛。（图 5–15）

【要点】

1. 此招专点敌人眼球。点爪虽然没有捅爪力量大和击距长，但眼球稍受击触即酸痛落泪，仍能对敌产生极大的威胁。

2. 点爪也用虎爪四指的中节骨棱，类似捅爪，但注重寸劲，讲究快速和准确。

图 5–15

十四、抓发扣喉爪

速出左爪，捕抓敌头发，并向侧下拉扯，迫使其头脸仰起。紧接用右爪猛劲扣锁敌咽喉。（图 5–16）

【要点】

1. 此招是抓爪和扣爪的混合法。先行抓控，然后再掐击敌之咽喉，致其窒息。

2. 扣爪和其他爪法用力有所不同。打击爪法如砸爪、捅爪、甩爪等，主要讲究出爪的速度和猛力，收发迅捷；而扣爪先要接触伤害部位，再用虎爪指尖扣刺相合，贴附杀伤。

图 5–16

十五、抓发劈面拳

速出左爪，捕抓敌头发，并向侧下拉扯，迫使其头脸仰起。紧接用右拳猛劲劈打敌脸门。（图 5–17）

【要点】

1. 此招是抓拉爪与拳法的混合。在爪法造机前提下，再用重拳打击。

2. 劈拳属强攻拳法，从上向下猛力劈击，发劲整重，其攻击部位又在敌头脸，一旦击中，立可致敌丧失抵抗力。

图 5–17

十六、抓发盖脸爪

速出左爪，捕抓敌头发，并向侧下拉扯，迫使其头脸仰起。紧接用右爪猛劲盖打敌面门。（图 5–18）

图 5–18

【要点】

1. 此招也是两虎爪相互配合，交错进攻。虎拳善用爪法，一抓一盖，顺势即进，方便易用。

2. 盖爪以五指扑打敌面门，可有两大杀伤效果：一以爪指之尖伤敌眼球，二以爪面冲撞伤敌鼻子。

十七、抓发冲脸拳

速出左爪，捕抓敌头发，并向侧下拉扯。紧接用右拳猛劲冲打敌面门。（图 5–19）

图 5–19

【要点】

1. 冲拳属长手直劲，用在抓打中，除快速跟进外，要根据攻击距的长短来确定手臂的弯曲度。

2. 面门作为打击目标，范围较大，拳力主要有三处触点：一是眼球，二是鼻子；三是嘴，所触位不同会产生不同的攻击效果。

十八、抓发挑颌肘

速出左爪，捕抓敌头发，并向侧下拉扯，迫使其头脸仰起。紧接用右肘猛劲挑打敌下颌。（图 5–20）

图 5–20

【要点】

1. 此招是抓发与肘击的混合技。运用时，贴近敌身，肘向上挑击敌下巴。

2. 肘头极其坚硬，碰撞力极烈，击中敌下颌，重可致其下巴脱臼。

十九、搂脖顶肋膝

速出双爪，抓搂敌脖颈，并向正下拉压，迫使其低头弯腰。紧接用左膝猛劲顶撞敌右肋。（图 5–21）

【要点】

1. 此招属于另类的抓打法。用爪腕及臂肘紧紧控制敌头脖颈，擒制面大，并能用上整体身力，但进距很短，需要贴靠。

2. 搂脖可正搂，也可侧搂；可双搂，也可单搂。

图 5–21

二十、搂头点眼爪

速出左爪及左臂，抓搂敌脖颈，并向怀里收拉。紧接用右爪猛劲点打敌眼睛。（图 5–22）

【要点】

1. 此招进攻时要配合步法，以缩短战距，紧接以前手单搂，便于点爪急进。

2. 搂脖一要夹紧，不得让敌逃脱，二要根据需要，向前、或向后、或向侧搬转其颈节，以制造更为有利的连击态势。

图 5–22

二十一、搂头冲面拳

速出左爪及左臂，抓搂敌脖颈，并向怀里收拉。紧接用右拳猛劲冲打敌面门。（图 5–23）

【要点】

1. 此招的冲拳，因在搂脖时使用，臂节无法全展，属长拳短用，发劲则要以脆劲为主，弹性抖动。

2. 搂脖后可再向里、向下拧动，以加强控制度，消弱其抵抗力，更利击打。

图 5–23

二十二、扣喉捅眼爪

速出左爪，扣锁敌咽喉。紧接用右爪猛劲捅打敌眼睛。（图 5-24）

图 5-24

【要点】

1. 以下几招，先行扣喉。从抓打法上看，扣喉是必备先手，但其本身又是一种独立的攻击法，单一的扣喉就足以致敌窒息。

2. 扣喉对敌的极大威胁，常常引起敌方对我的阻拦和破解，影响我单爪的必杀力，所以要后续加击。

二十三、扣喉敲眼爪

速出左爪，扣锁敌咽喉。紧接用右爪猛劲点打敌眼睛。（图 5-25）

图 5-25

【要点】

1. 此招与上招皆是在爪法扣喉基础上，再用虎爪的打击力，连伤敌方的眼部要害，唯手法有别。

2. 前招用捅爪，力量大，击距大，能放长击远。此招是点爪，注重寸劲，短促突击。

二十四、扣喉冲脸拳

速出左爪，扣锁敌咽喉。紧接用右拳猛劲冲打敌面门。（图 5–26）

【要点】

1. 此招扣喉冲脸，用拳法对敌面门发起连环强击。有三个优点：一是力量整重，杀伤度烈；二是攻击距长，不需配合拉爪或贴身进步，打之即到；三是打击范围大，敌整个脸部皆在拳击范围中，不易落空。

图 5–26

2. 虎拳注重虎爪，除抓拉扣拧外，还有其独特的虎爪打击法，主要利用爪节和爪棱，从手法上看，相比击拳虽欠力度，但具备突击性强、落点准确、变化多端的特性。

二十五、扣喉贯耳拳

我速出左爪，扣锁敌咽喉。紧接用右拳猛劲贯打敌左侧耳门。（图 5–27）

图 5–27

【要点】

1. 此招在扣喉后，从敌侧翼连续强击。贯拳是重拳之一，和冲拳相比，一直一弧，主要适用于中短距离，并能充分利用拧腰转体，爆发力极强。

2. 贯拳主打耳门，又称“贯耳拳”。无论是抓打法中的贯拳，还是直接强攻时使用贯拳，都具极大的威胁力，一是其力大难挡，二因其呈弧形劲路，不易格挡，强击效果和突击效果都很好。

二十六、扣喉掏阴拳

速出左爪，扣锁敌咽喉。紧接用右拳猛劲掏打敌下阴。（图 5–28）

图 5–28

【要点】

1. 掏拳从下向上发力，其拳路呈弧形，除具备重劲的特性外，更具隐蔽性，出击时不易被发现，再加上击人下裆，诡异阴毒。

2. 武谚常讲“上打咽喉下打阴”，此招正是这种体现，表明技击法就要打敌要害，追求一击必杀的效果。但这是对敌，不遇极困之事不得轻发，尤其在切磋或学练时更要点到为止，防止受伤，切记！

二十七、扣喉扣阴爪

速出左爪，扣锁敌咽喉。紧接用右爪猛劲抓扣敌下阴。（图 5–29）

【要点】

1. 此招全是爪法扣锁，上下连击。运用时即可连环，也可双爪齐发，敌更难防。

2. 此招扣喉爪直接利用爪尖的点击扣力，而扣阴除在爪尖扣力外，爪指可再加捉握力，更易增强对其阴部的伤害与控制。

3. 扣喉能致敌危命，扣阴也能对敌产生极其强烈的刺激，轻则剧疼难忍，重可令敌丧生，非同小可，不要随便乱用。

图 5–29

二十八、扣喉捅阴爪

速出左爪，扣锁敌咽喉。紧接用右爪猛劲捅打敌下阴。（图 5–30）

【要点】

1. 捅爪时可用俯爪，也可使用仰爪，或可使用横爪。此招的捅爪在运用时为便于发力，即用横爪，爪心向里。

2. 先行锁喉扣爪，再用捅爪奔袭下阴，一短一长，快慢交加，相得益彰。

图 5–30

二十九、抓肩下顶膝

速出双爪，捕抓敌双肩，并向正下拉压。紧接用左膝猛劲顶撞敌下部。（图 5–31）

【要点】

1. 膝击法是短打重技，冲撞力强，常能一击致敌丧失抵抗能力，但攻击距离较短，易被敌躲开，为了不让敌逃脱，要配合爪法，即抓打法。

2. 此招抓肩造机，膝击则主攻敌下门弱处，如软肋、下阴、大腿等，可用前膝，也可用后膝，不必拘泥。

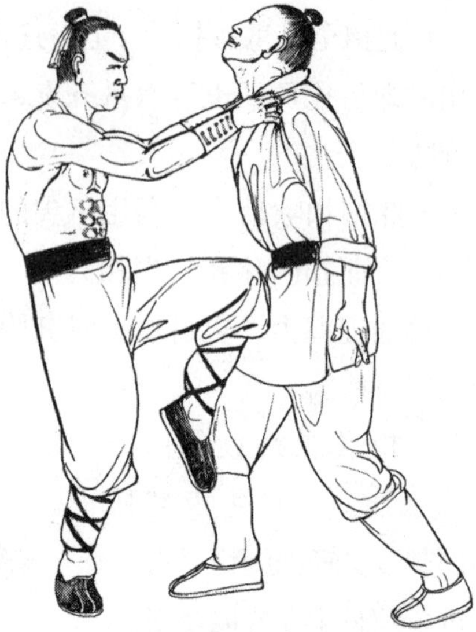

图 5–31

三十、抓胸砸鼻爪

速出左爪，捕抓敌前胸。紧接用右爪猛劲砸打敌鼻子。（图 5–32）

【要点】

1. 抓胸其实是抓敌胸前衣服，逮住对方后要迅速收带，另手要及时跟进。抓与击要合一，不要脱断，避免与敌纠缠，要尽快对其重创。

2. 砸鼻之法，中则立可致敌失力，但要准确。如若落空，或者未能击重，则要连续打击。

图 5–32

三十一、抓胸盖脸爪

速出左爪，捕抓敌前胸。紧接用右爪猛劲盖打敌脸门。（图 5–33）

图 5–33

【要点】

1. 此招也是抓胸连击法。用虎爪盖劲加以强攻，抓控要快，跟进要快，发劲要猛。

2. 盖爪单在动形上和抓爪一样，但攻击效果不同。抓爪主在控制，而盖爪是打击法，重在杀伤，主攻面门，不但能以爪指尖力抓挖敌眼睛及脸皮，而且连带以爪面和爪根砸盖敌鼻子。

三十二、抓胸扣阴爪

速出左爪，捕抓敌前胸。紧接用右爪猛劲扣抓敌下阴。（图 5–34）

【要点】

1. 扣阴一定要准确，爪尖相扣并加爪指卷握。人之下阴极其脆弱，不堪一击，此招立可致敌剧疼瘫软。

2. 扣阴主在杀伤，所以在运用时，扣握要快要猛。抓阴后停滞是使用者用劲的一个误区，不要认为一抓即可制敌，其实不然，要连续攻击，不能掉以轻心。

图 5–34

三十三、抓胸捅阴爪

速出左爪，捕抓敌前胸。紧接用右爪猛劲捅打敌下阴。（图 5-35）

【要点】

1. 本招捅阴，为便于应用和发力，要使用横爪，即爪心向里形。

2. 捅爪攻击距很长，此招实战时，只要抓住，即可直奔下阴，长距奇袭，森森逼人。

图 5-35

三十四、抓胸劈面拳

速出左爪，捕抓敌前胸。紧接用右拳猛劲劈打敌面门。（图 5-36）

【要点】

1. 此招与下一招是抓胸连击的两种常用的拳打法，一打敌上用劈拳，一打其下用掏拳。

2. 劈拳从上向下发力，除力量整重外，其打击面较大，如敌头脸正仰，眼部、鼻子等皆在攻击范围内；若敌头部侧向仰转，其耳门、太阳穴还有下巴，都可打击。

图 5-36

三十五、抓胸掏阴拳

图 5–37

速出左爪，捕抓敌前胸。紧接用右拳猛劲掏打敌下阴。（图 5–37）

【要点】

1. 掏拳从下向上起动，弧形劲路，力量大，并且非常隐蔽，不易察觉。

2. 拳击的力量要强于爪力，所以对敌的杀伤度极烈，而用在抓打中，人又不易躲，再加上专打下阴，一旦击中，敌必受重创。在此再次提醒学者，万万不能轻用！

三十六、抓臂冲头拳

速出左爪，抓拉敌左臂或右臂。紧接用右拳猛劲冲打敌头部。（图 5–38）

图 5–38

【要点】

1. 抓发和抓臂都是抓打法的主要先手。抓发主要制头，头是人体的“指挥中枢”，而抓臂是破坏敌人的“攻击武器”，因手臂是人体最灵活的劲节，一旦受到压制，攻防能力就被极大地削弱，必然陷入被动挨打的局面。

2. 抓臂后必须乘机加以快速打击，不给敌喘息之机，并要注意发力的完整和猛重，尽可能一举制伏敌方。否则，单纯的抓臂就起不到技击作用，遇敌抵抗，极易陷入双方僵持的胶着状态，错失先机不说，如若力小反而危险。

三十七、抓臂掏肋拳

速出左爪，抓拉敌左臂。紧接用右拳猛劲掏打敌左肋。（图 5-39）

图 5-39

【要点】

1. 此招主攻敌软肋。肋部属侧位要害，宜从外门打击，所以抓臂时要从外向里捕抓，方易重创之。

2. 掏拳由下向上发力，发拳时抓臂爪要适时后拉，能形成抓打法所独有的对向合力，以对敌身产生最强攻击力。

三十八、抓臂贯耳拳

速出左爪，抓拉敌左臂。紧接用右拳猛劲贯打敌左耳。（图 5–40）

图 5–40

【要点】

1. 此招在抓臂配合下，对敌侧翼发起贯拳强击，也是常用的技法。

2. 进攻要快，疾速跟进，防止敌低头躲避。发拳时爪要拉，腰要拧，力爆发，对位准，给其侧耳凌厉一击。

三十九、抓臂砸脸爪

速出左爪，抓拉敌左臂。紧接用右爪猛劲砸打敌脸部。（图 5–41）

图 5–41

【要点】

1. 此招宜从敌外门抓控，一便于使用砸爪击脸，二来外门进攻，比较安全，即使不中，也不易遭受反袭。

2. 砸爪用爪棱，要对准目标，才能取得最大攻击效果。

四十、抓臂甩脸爪

速出左爪，抓拉敌左臂。紧接用右爪猛劲甩打敌脸部。（图 5–42）

图 5–42

【要点】

1.甩爪，爪背弹抖，发劲脆快，是抓打中的闪电手，能给敌以突然袭击，防不胜防。

2.任何快击都是重击的前奏。对敌面门甩爪，即使不能立即制伏敌人，也可致其疼痛难忍、眼花缭乱、昏头昏脑，再加猛击，必获大胜。

四十一、抓臂捣头肘

速出左爪，抓拉敌左臂。右腿进步，紧接用右肘猛劲捣打敌头部。（图 5–43）

【要点】

1.此招用肘法发起抓臂连击，肘为短打，击距较短，所以要配合进步，以贴近敌身，才能击中。

2.抓臂要及时后拽，不让其后退逃脱，并在拉拽中接近目标，而且能动荡敌身桩，使其漏出破绽，更易制之。

图 5-43

四十二、抓臂拐头肘

速出左爪，抓拉敌左臂。紧接用右肘猛劲拐打敌头部。（图 5-44）

图 5-44

【要点】

1. 此招是拐肘。拐肘和捣肘不同，捣肘是直劲；拐肘是弧劲，肘节抡转，从外向里摆击。

2. 此招连击用肘，若先用单爪抓控，一爪抓，另肘打，比较灵活。若为了加大控制面，对敌完全钳制，也可用双爪捕抓敌双臂，再顺势用左肘或右肘，扫击敌头部要害。

四十三、抓臂下顶膝

图 5-45

速出双爪，抓拉敌左臂。紧接用右膝猛劲顶打敌下部。（图 5-45）

【要点】

1. 此招一般使用双爪，便于膝击发力。膝击时，可用前膝，也可用后膝。攻击部位可伤敌软肋，也可顶击敌下阴，即使是敌人的大腿受到撞击也能奏效。一抓即进，不要拘泥。

2. 抓打法主要适用中距离和短距离，所以膝击最适合与抓爪配合，再加上从下起膝，攻击下门，既不易察，又不易挡，极具威胁性。

四十四、抓臂震趾脚

速出左爪或双爪，抓拉敌左臂或双臂。紧接用右脚猛劲震跺敌脚面。（图 5-46）

图 5-46

【要点】

1. 此招先用爪法抓臂，实施上门制控，然后突然再用脚猛力下跺，冷动难觉，极易得手。

2. 震脚专门伤害敌脚趾及脚掌。向下跺脚，全身之力贯注一处（脚跟），一旦击中，疼彻心脾，进退不能。

3. 此招还可用在双方僵持时、撕扯时，瞅准时机，给敌以凌厉一击，常能出奇制胜，是贴身近战的妙招。

四十五、抓臂撩阴脚

速出左爪或双爪，抓拉敌右臂或双臂。紧接用右腿猛劲撩踢敌下阴。（图 5–47）

【要点】

1. 撩阴脚是中距离和短距离最惯用的腿法，尤适抓打。一可原地起腿，并用膝节的弯曲度适应战距，操纵灵活，收放自如；二是出腿低矮，并用脚尖伤人，能钻隙奇袭，不易防范。

2. 此招抓臂撩阴，因撩阴腿的多种优点，爪法可以单抓，也可双抓，可以正门抓，也可外门抓，适应性很强。

图 5–47

四十六、抓臂勾踢脚

速出左爪或双爪，抓拉敌左臂。紧接用右腿猛劲勾踢敌左腿，致敌摔跌。（图 5–48）

【要点】

1. 此招是摔法，有四种用法：一是单抓前勾，二是单抓后勾，三是双抓前勾，四是双抓后勾。

2. 单抓速度快，比较灵活；双抓能加大控制面和拉拽力。前勾敌前栽，后勾敌后倒。拉臂要与勾腿形成对向合力。

图 5–48

四十七、抓臂铲膝脚

速出左爪或双爪，抓拉敌左臂。紧接用右腿猛劲铲踢敌左膝。（图 5–49）

图 5–49

【要点】

1. 此招抓爪混合铲腿，主攻敌膝。轻则致敌腿伤，无法进退，只能被动挨打；若重，敌膝立断。实战中应注意控制力道。

2. 铲腿属暗腿法，脚掌平卧，形状如铲，以脚棱伤人，攻击面大，不易走空，且踢位低，不易防范。

四十八、抓臂蹬身脚

速出左爪或双爪，抓拉敌左臂或双臂。紧接用左脚猛劲蹬踢敌身体。（图 5–50）

图 5–50

【要点】

1. 此招的蹬与下一招的踹，都是中长距腿法。抓打时一般要用前位腿踢击，适距而快速。若用后位腿，力量极大，但要松爪，还能致敌远跌。

2. 蹬腿属正身腿法，利用膝节强力伸缩，使用方便，并且撞击性强，最易使人跌趴。在抓打中一般踢击敌裆胯或腹肋，且要配合爪法的拉拽或适时的松放。

四十九、抓臂踹身脚

速出左爪或双爪，抓拉敌左臂。紧接用右脚猛劲踹踢敌身体。（图5-51）

图 5-51

【要点】

1. 踹腿侧身使用，在抓控后一般攻击敌肋腹或膝节，并且要把握好战距。

2. 因踹腿动幅较大，为了发出大力，或想把敌踹倒，可及时松爪。

五十、抱腰顶阴膝

速出双爪，搂抱敌腰节。紧接用左膝猛劲顶打敌下阴。（图 5–52）

【要点】

1. 抱腰是一种较低位的双爪抓搂技，虽然可制约敌大部，但敌双手仍可对我造成很大威胁，所以抱腰最好把敌双臂一同抱住，使敌丧失所有反击可能，这样最为安全，最易进手。

2. 抱腰后用膝顶阴是最佳连招，起膝要快、要准。对敌的急速重击，既是我安全的保证，也是技击的目的所在。

图 5–52

图 5–53

五十一、扣阴冲面拳

速出左爪，扣搦敌下阴。紧接用右拳猛劲冲打敌面门。（图 5–53）

【要点】

1. 此招和下两招在原理上与扣喉抓打法相同。扣阴和扣喉一样，既是一种捕抓，又是一种对敌极具威胁力的攻击，不但控制了敌人，而且起到了直接伤害的效果，用好了一爪足制。

2. 假若爪力不足，或没有扣准，或遇敌卸化，应立即连招跟进，如此招的冲面、下招的贯耳和砸耳，以加大伤害度，使敌完全丧失抵抗力。

3. 扣阴攻下，连招时则打敌上，使敌难防。

五十二、扣阴贯耳拳

速出左爪，扣搦敌下阴。紧接用右拳猛劲贯打敌左耳。（图 5–54）

图 5–54

【要点】

1. 上一招的扣阴冲面是冲拳连击，直线进攻，正面突破；而此招是贯拳伤耳，弧形劲路，侧翼强击。

2. 抓打法主要优点是打敌难逃。如正面跟进，还能形成合力，即前打后拉，冲撞剧烈，伤害尤重。如侧翼突袭，则爪在造机，乘机强攻，通行无阻。

五十三、扣阴砸耳爪

速出左爪，扣搦敌下阴。紧接用右爪猛劲砸打敌左耳。（图 5-55）

图 5-55

【要点】

1. 砸爪是虎拳异于其他拳种的特色手法，也是虎拳惯用的爪打法，用爪棱触击制敌，非常有力。

2. 砸爪主攻敌头部要害，如鼻梁、咽喉、耳门、侧颈等。此招即专打耳门。